Strade blu

Aldo Cazzullo

con Francesco e Rossana Maletto Cazzullo

METTI VIA QUEL CELLULARE

Un papà. Due figli. Una rivoluzione

MONDADORI

Dello stesso autore
in edizione Mondadori

I ragazzi di via Po
I ragazzi che volevano fare la rivoluzione
Il caso Sofri
I grandi vecchi
Outlet Italia
L'Italia de noantri
Viva l'Italia!
La mia anima è ovunque tu sia
L'Italia s'è ridesta
Basta piangere!
La guerra dei nostri nonni
Le donne erediteranno la terra
L'intervista

con Edgardo Sogno
Testamento di un anticomunista

con Vittorio Messori
Il mistero di Torino

con Angelo Scola
La vita buona

librimondadori.it
anobii.com

Metti via quel cellulare
di Aldo Cazzullo
con Francesco e Rossana Maletto Cazzullo
Collezione Strade blu

ISBN 978-88-04-68174-8

I edizione settembre 2017

Indice

Metti via quel cellulare

A Monica
la mamma

I

Metti via quel cellulare

Non è possibile che, quando andiamo in pizzeria, anziché i vostri volti mi veda sempre davanti i vostri cellulari.

Non è possibile che, quando entriamo in un albergo, come prima cosa voi due, Francesco e Rossana, chiediate la password del wi-fi.

Non è possibile che ovunque si vada, all'estero o in Liguria dai nonni, voi due vi portiate dietro il vostro piccolo mondo, chiuso nel telefonino.

Vi ricordate quella gita in Provenza? I campi di lavanda in fiore erano bellissimi; ma voi non li guardavate; eravate sempre chini sui cellulari.

Vi ricordate domenica scorsa a casa dei nonni? Eravate assenti, distanti, tutti presi dallo smartphone. Ed è un peccato, perché l'amore a cerchio di vita tra i nonni e i nipoti è meraviglioso. So che voi siete molto legati ai nonni, che vi adorano. Per questo non dovreste perdere l'occasione di ascoltare la loro storia, perché sono la generazione che ha conosciuto il fascismo, la guerra, la ricostruzione, le prime gite al mare sulla 600; nonno Gabri ha avuto la casa distrutta nei bombardamenti, nonno Gian si ricorda la voce del Duce alla radio, nonna Pia e nonna Anna lavoravano di giorno e studiavano di notte. Le loro storie non sono noiose, anzi, tornano utilissime alla vostra generazione, che si considera la più sfortunata della storia mentre è la più ricca di opportunità. E tra le opportunità, lo so, c'è anche la rete. C'è anche il cellulare. Ma non così.

Si vive con lo specchio in mano. Siete una generazione con lo sguardo basso; e l'immagine riflessa su cui siete chini è sempre la vostra. Non ve lo dico come polemica, ma con infinito amore e un po' di preoccupazione, perché vedo in voi i primi sintomi della malattia che ha già contagiato per primi noi adulti: il narcisismo di massa.

Spero che ormai vi sia chiaro: il cellulare in realtà è uno specchio. Fateci caso: le donne non girano più con lo specchietto nella borsa, per controllare il sorriso e il trucco; hanno il cellulare, con la fotocamera incorporata. Ma non è solo quello. Narciso almeno doveva andare al fiume per rinnamorarsi ogni volta di se stesso. Voi, ma dovrei dire noi, abbiamo sempre il cellulare a portata di mano. Non riusciamo a stare senza per cinque minuti. E lo usiamo per far sapere agli altri quello che facciamo, pensiamo, mangiamo, beviamo, sogniamo. Ma in realtà stiamo parlando da soli. Perché agli altri di noi non importa nulla.

In rete tutti chiacchierano, molti gridano, qualcuno insulta, minaccia, calunnia; e nessuno ascolta. Alla disperata ricerca di attenzione e aiuto, tanti ragazzi affidano a YouTube e ai social le loro cose più intime, talora vergognose, come naufraghi che infilano il messaggio nella bottiglia e la affidano alle onde dell'oceano, fiduciosi che la portino nelle mani di un soccorritore; che però non c'è.

Sapete quali sono le occupazioni a cui in media si dedica più tempo online? Il porno e i videogiochi. Tutte cose che si fanno da soli. Solitudine, altro che social.

La rivoluzione digitale è il più grande rincoglionimento di massa nella storia dell'umanità. Non soltanto distrugge lavoro e crea falsi idoli, arricchendo miliardari californiani restii a pagare le tasse; distrugge un patrimonio di cultura e di civiltà.

Secoli di letteratura, arte, musica entrano nel cellulare, vengono fatti a pezzi e gettati in aria come coriandoli. Il meglio di quel che l'uomo ha scritto, dipinto, composto, pensato viene triturato e ridotto a frammenti, destinati a perdersi nell'oceano delle sciocchezze e delle falsità.

Non vedo libri, giornali, dvd, cd in mano ai vostri coetanei, e neppure ai trentenni. Non vi vedo al cinema, a teatro, all'opera, allo stadio. Perché un film dura due ore, una partita novanta minuti più recuperi; i filmati su YouTube dopo pochi secondi vi hanno già annoiato.

Noi non eravamo sempre connessi; e questo ci ha dato modo di esercitare la fantasia. Non avevamo Wikipedia; e questo ci ha allenato la memoria. Non eravamo prigionieri della rete come criceti nella ruota; e questo ci ha insegnato ad assaporare il tempo, a volte persino la noia.

La vostra generazione è talmente abituata ai ritmi sincopati del web e di WhatsApp da non riuscire a godersi uno spettacolo o un concerto per intero. Film che a noi sembrarono un fuoco di fila di trovate, da *Piccolo grande uomo* alla saga di Indiana Jones, a voi sembrano lenti e troppo lunghi. So bene che gli articoli sono più letti di un tempo, la musica più ascoltata, la tv più vista; ma appunto a frammenti, a pezzetti: un articolo condiviso su Facebook, una canzone postata o twittata o linkata, un'imitazione di Crozza o una rissa televisiva scovate in qualche angolo della rete. Tanto è tutto gratis, almeno all'apparenza; in realtà ha un costo enorme.

Perché i padroni della rete sanno tutto di noi. Sanno dove andiamo in vacanza, se ci piacciono le brune o le bionde – oppure i bruni o i biondi –, quali prodotti compriamo, quali passioni ci bruciano, quali leader votiamo; e rivendono le informazioni alla pubblicità.

Nel frattempo l'industria culturale langue. Non investe e non assume, proprio per mancanza di consumatori; e inevitabilmente il livello scende. Lo so che le nuove generazioni, non trovando lavoro se non a spizzichi e bocconi pure quello, non hanno molti soldi da spendere; però lo spritz non è gratis. E stiamo parlando di ragazzi che comunque hanno avuto modo di viaggiare, leggere, informarsi. Pensate ai bambini. Alla generazione che viene dopo la vostra.

Voi siete nati quando i cellulari entravano nelle nostre vite, ma non siete i veri nativi digitali; avete imparato a leggere e a scrivere prima che a usare l'i-Pad o l'i-Phone; abbiamo giocato a pallone e ad acchiapparello prima che alla wii o alla playstation. Da piccoli avevate, proprio come noi, sempre le ginocchia sbucciate.

Guardate invece i veri nativi digitali. Osservateli, al fast-food, in treno, ovunque. Non giocano con gli amici, non parlano con i genitori; non alzano la testa dal telefonino, neppure per mangiare. La vita familiare diventa sempre più povera, il degrado dei rapporti umani sempre più evidente. Che mondo sarà il loro?

Certo, anche noi genitori siamo iperconnessi. Come ha scritto Altan: «È record, ogni cellulare possiede un italiano». Ma per un bambino o un adolescente l'ossessione di essere sempre online può diventare un pericolo ancora più grande. Perché così rischia di assuefarsi alla vita virtuale, prima ancora di aver cominciato a vivere quella vera.

FRANCESCO & ROSSANA

Papà, non è possibile che tu non ci abbia dato retta.

Te l'avevamo detto in tutti i modi di non scrivere questo libro.

Finirai per farti odiare dalla nostra generazione, e anche dalla tua. Continuerai a vendere i tuoi libri soltanto alle anziane signore.

Noi non metteremo via il cellulare, almeno non quando ce lo dici tu.

Ogni rivoluzione ha avuto i suoi «haters», i suoi odiatori: i luddisti volevano distruggere i telai a vapore, il treno era un'opera di Satana; c'erano quelli che non volevano viaggiare in automobile, quelli che rifiutavano di salire sugli aerei.

Tu papà dici sempre che il futuro è l'unico posto in cui possiamo andare. Però ce l'hai con la rete, e pure con la corsa allo spazio: ripeti sempre che è inutile, che trent'anni dopo lo sbarco di Colombo gli europei in America avevano già creato imperi, mentre a mezzo secolo dallo sbarco sulla Luna non è successo niente. E invece il futuro è là: nello spazio, e nella rete.

La rete per la nostra generazione è parte essenziale della vita; e questo vale anche per te, visto che sei sempre chino sul cellulare.

Ricordi quando a Quito siamo andati a cena dalla famiglia di Sara, l'amica che io, Rossana, avevo conosciuto su Instagram? Siamo arrivati in Ecuador e la sera stessa ci hanno invitati a casa. Abbiamo imparato più cose da loro che dalle guide del Touring che ti ostini a portarti dietro appesantendo gli zaini. Il padre di Sara coltiva rose, suo zio le esporta in tutto il mondo. Lei ci ha raccontato di essere terrorizzata dai terremoti, con i quali però ha imparato a convivere, dato che sono così frequenti; ci fu una scossa anche mentre stavamo parlando. Nonostante questo è stata una bella serata. Quando mai ci sarebbe capitato? E come sarebbe stato possibile senza la rete?

Tu dici che online ogni cosa viene frammentata e sparsa, ed è vero che questo può portare a una cultura superficiale; però le notizie vengono diffuse lo stesso, certo più di prima. Infatti i coriandoli, come li chiami tu, finiscono dappertutto.

La rete è lo spazio della libertà, offre tantissime occasioni: leggere gli scrittori che preferisci, ascoltare la musica che ti va in quel momento, parlare con una persona di cui senti la mancanza, soprattutto conoscerne di nuove. E il telefonino può aiutarti a stare meglio anche con la persona che hai di fronte. Quante volte siamo andati a cercare su Wikipedia il nome che non ricordavi, ci siamo visti il gol della Juve in diretta, abbiamo salutato i cuginetti su Skype?

Non è vero che il telefonino ci isola dal mondo, ce lo crea. Possiamo decidere di stare soli, o possiamo decidere di stare con gli altri. Possiamo spegnerlo e uscire con gli amici, o confrontarci con gli stessi amici stando a casa. Ormai ci è indispensabile per studiare, per leggere, per scrivere; anche a scuola, se usato bene.

Tra l'altro, in Provenza non saremmo mai andati, se non ti avessimo mostrato su Instagram le foto della fioritura della lavanda; tu non sapevi neppure che esistesse.

Non è vero che il telefonino ci allontana dai nonni. Anzi, nonna Pia e nonno Gian hanno imparato a usare WhatsApp per passare un po' di tempo con noi. Sai che, quando siamo nati, nonna Anna ha piantato un albero nel suo giardino di Alba: un melograno e un corbezzolo. Ogni volta che il melograno fiorisce, la nonna manda una foto a Francesco. Quando il corbezzolo dà un frutto, arriva una foto a Rossana. Sai che nonno Gabri dipinge: noi gli mandiamo le immagini delle opere di Van Gogh o di Modigliani che ci piacciono, e lui ci risponde con le foto dei suoi quadri, ci fa vedere come gli stanno venendo, ci chiede pareri sul colore, sulla luce. Solo che tu sei sempre in giro, o chiuso in camera a lavorare; e non te ne accorgi.

Non è vero neppure che la rete distrugge il lavoro, lo cambia. In futuro ci sarà qualche posto noioso e ripetitivo in meno, perché quel lavoro lo farà la tecnologia per noi; ma ci saranno molti posti creativi, perché la rete si rinnova di continuo, reinventa tutto, collega mondi e ne costruisce di nuovi.

E renderla più umana sarà la sfida della nostra generazione.

Va bene, ragazzi. Accetto la vostra sfida. Parliamone. Discutiamo di tutto, tra padre e figli. Le serate in famiglia che non sono più serate, ma soliloqui con il cellulare. L'impatto della tecnologia sulla scuola e sui rapporti umani: le difficoltà degli insegnanti, il gelo tra i vicini di banco che si parlano via WhatsApp, con le faccine. La dipendenza dai videogame e dal porno. La cattiveria di chi rovina la vita altrui postando immagini o video che diventano virali. La stupidità degli youtuber e degli idoli del web. L'egemonia dei social.

Certo, discutiamo anche delle grandi opportunità che la rete e il telefonino rappresentano. Dei personaggi e degli episodi positivi. Delle cose belle che possono portare nelle nostre vite, di come in teoria potrebbero anche migliorare il futuro e noi stessi. Ma parliamo anche dei rischi: la scomparsa della politica, la vittoria di Trump a colpi di tweet, la distruzione della cultura e dei posti di lavoro, l'enorme potere consegnato agli Zuckerberg e ai Bezos, ai padroni del web. E la costruzione di un uomo nuovo che avrà come cervello la rete.

Io vi metterò in guardia da un pericolo, parlando a nome di tanti genitori. Voi mi spiegherete il vostro punto di vista, sostenendo le ragioni della vostra generazione. Vedremo chi convincerà chi. E cosa ne penseranno i lettori.

II

La famiglia ai tempi del telefonino

La casa dei nonni per voi è un posto dove andavate in vacanza da piccoli. Per me la casa dei nonni è il posto in cui sono cresciuto. Perché una volta nelle famiglie italiane si abitava tutti insieme.

Anche se i miei nonni si erano trasferiti in città, avevano conservato le abitudini di quando stavano in campagna. Si pranzava e si cenava alla stessa ora e allo stesso tavolo, con il televisore rigorosamente spento, il telefono sempre muto.

Le donne cucinavano tutto il giorno. La principale preoccupazione dei nonni era che non mancasse il cibo: avevano conosciuto la guerra e la fame, e non volevano che i nipoti dovessero soffrire come loro. La principale preoccupazione dei genitori era invece che studiassimo, per «farci una posizione». Oggi la nostra più grande preoccupazione è che i figli siano felici, o comunque che non debbano soffrire; ma forse non è il modo migliore per prepararvi alla vita.

Ci atteggiamo a fratelli maggiori; in realtà a volte siamo ansiosi e teneri come nonni.

Nelle case della nostra infanzia il telefono c'era. Ma era un oggetto proibito per i bambini, quasi misterioso. Suonava due o tre volte al giorno. Noi piccoli non potevamo rispondere né chiamare. In alcune case – non nella nostra – la rotella era bloccata dal lucchetto. Altre avevano il duplex: si divideva la linea con il vicino, nella speranza che non fosse troppo verboso. Nonna Anna aveva fatto la centralinista alla Stipel, come si chiamava in Piemonte la società telefonica: metteva in contatto parenti, amici e fidanzati, e ogni tanto era costretta a interromperli per chiedere se volevano proseguire la conversazione.

I primi cellulari si videro per i Mondiali di calcio del 1990, ma a lungo ne abbiamo fatto a meno senza problemi. All'inizio furono oggetto di riprovazione sociale: erano considerati simbolo di esibizionismo se non di cafoneria, anche perché erano voluminosi, massicci, con orribili antenne; a volte i proprietari li portavano alla cintura come pistole nella fondina, li lasciavano suonare a tutto volume e rispondevano urlando.

Il primo telefonino me lo regalò mia mamma quando sei nato tu, Francesco. Era, come sai, il 23 marzo 1997, io avevo trent'anni. Agli occhi di vostra nonna, la paternità mi consegnava all'età adulta, e il cellulare mi avrebbe reso sempre reperibile se tu avessi avuto bisogno di me.

All'inizio abbiamo pensato che fossero semplicemente telefoni portatili; infatti si chiamavano così. Ed eravamo convinti che questo nuovo aggeggio servisse per parlare. Oggi non è più vero.

Quando vi chiamo, o non rispondete o mi liquidate in poche battute, in particolare tu, Rossana. Voi non parlate attraverso il cellulare; parlate al cellulare, dandogli istruzioni, chiedendogli consigli, affidandogli messaggi. E il cellulare si è dato un'identità umana immaginaria, ovviamente femminile, Siri, che crediamo ci faccia un po' da confidente un po' da segretaria.

L'altra sera ho conosciuto un giornalista italoamericano, Frank Rocca, il vaticanista del «Wall Street Journal». Gli ho chiesto quale fosse la sua lingua madre. Mi ha risposto che non lo sapeva. In quale lingua pensi?, gli ho chiesto. «Dipende.» In quale lingua sogni? «Non lo ricordo.» Finalmente mi è venuta la domanda giusta: in quale lingua parli al cellulare? Al cellulare il vaticanista del «Wall Street Journal» parla in inglese.

Io sono molto felice del rapporto che ho con voi, ragazzi. Ma sinceramente credo che lo smartphone impoverisca la vita di tante famiglie. Penso in particolare ai nativi digitali. Una volta la baby-sitter era la televisione: calcolavamo allarmati le ore che i bambini e gli adolescenti passavano davanti alla tv. Ora la tv è diventata portatile, ha un'offerta di programmi molto più ampia, una capacità di intrattenimento infinita: è il telefonino. E sottopone i ragazzi a una dipendenza da cui è difficilissimo liberarsi.

Provate a togliere il cellulare a un ragazzino: lo vivrebbe come un sopruso ingiusto e crudele. Puoi anche strappargielo a forza e nasconderglielo; ma non riavrai indietro tuo figlio. Che si chiuderà nel mutismo e terrà il muso fino a quando non potrà rituffarsi nel videogame o nella chat. Ma come si fa a crescere così?

Le cene in famiglia non sono più cene in famiglia, le vacanze non sono più vacanze, la vita non è più vita; è una battaglia persa in partenza contro il cellulare e la rete.

ROSSANA

È vero, preferiamo scrivere via WhatsApp anziché telefonare, per un motivo semplice: è gratis. Molte cose che voi non capite si fanno perché non costano nulla. Oppure perché la rete risponde all'esigenza del momento.

Quando abbiamo bisogno di qualcosa, ci viene naturale cercarla su Google: una ricetta di cucina, le istruzioni per usare o riparare un oggetto, la programmazione del cinema, la destinazione di una vacanza.

Onestamente non capiamo perché ti ostini a fare il nostalgico e rivangare il passato. Rimpiangi davvero i tempi in cui le donne erano relegate in casa a cucinare tutto il giorno? E in quei pasti tutti insieme regnava forse pace e serenità ogni volta? Ne dubitiamo, soprattutto visto come anche noi, che siamo solo quattro, facciamo spesso fatica ad andare d'accordo.

Quindi non ha senso fare finta che queste abitudini andate fossero perfette, ogni generazione ha i suoi conflitti e i suoi difetti, le liti in famiglia sono sempre esistite, non sono certo nate con gli smartphone.

Però dobbiamo concederti che i cellulari possono portare a qualcosa anche peggiore dei litigi: l'indifferenza. Ci capita spessissimo di vedere famiglie in un ristorante che sono sedute insieme, ma non si parlano, perché sono tutti incollati a uno schermo, ognuno il suo. E ci dispiace ammetterlo, ma ogni tanto capita anche a noi di venire risucchiati in questo vortice, quasi senza rendercene conto.

Davvero preferiamo la compagnia dei social network a quella dei nostri familiari? Non dovrebbe essere così. In particolare non dovrebbe essere così per noi, visto che i tempi per stare insieme non sono tanti, anche a causa del tuo lavoro che spesso ti porta lontano, sai quante volte siamo tornati a casa da scuola e abbiamo scoperto che eri in Spagna o in America? Ciò nonostante devi ammettere che la rete, pur avendo i suoi pericoli, rappresenta un nuovo modo di stare insieme.

Ormai il cambiamento è avvenuto e non si può tornare indietro, bisogna trovare il modo di adattarsi a questa rivoluzione, traendone il meglio senza lasciarsi sopraffare. E di lati positivi ce ne sono tanti, anche se tu ti rifiuti di riconoscerli.

Anche quando siamo insieme in macchina o a tavola possiamo cercare su Internet un'informazione che ci sfugge; come quando mamma e Francesco erano ossessionati dalla dieta e abbiamo gareggiato a indovinare quante calorie hanno gli alimenti, dal cetriolo – 13 calorie per 100 grammi – allo strutto: 899!

Come vedi, stare al cellulare non è una cosa che si fa per forza da soli, si può fare insieme, e magari è anche un modo per condividere il tempo in famiglia. Non distrugge la comunicazione ma la rende più interessante, non impedisce la conversazione ma le fornisce argomenti.

A te e alla mamma ha spesso dato occasione di condividere con noi le musiche della vostra giovinezza, per esempio quando ci raccontate dei concerti a cui andavate. Abbiamo scoperto così De Gregori, Battiato, Vasco Rossi. Forse ti ricordi quando dovevo leggere *Cime tempestose* per la scuola e tu hai insistito per mettere a tutto volume la canzone di Kate Bush in pizzeria.

Ovviamente questo vale a maggior ragione per i rapporti con i nostri amici. Noi possiamo scrivere un messaggio sul gruppo di WhatsApp chiedendo «che facciamo stasera?». E in pochi minuti abbiamo un piano, possiamo organizzare cosa fare, dove vederci. Lo so che voi ad Alba vi vedevate sotto l'orologio di via Maestra: ce lo fai vedere sempre quando andiamo a trovare i nonni. Ma questo può funzionare appunto ad Alba, che è una cittadina; non avrebbe tanto senso a Roma, che è molto più grande e offre molte più cose da fare.

Sì, e un altro gruppo che conoscevo si trovava attorno a una cabina telefonica. Perché una volta, nei decenni bui precedenti l'invenzione dello smartphone, esistevano le cabine telefoniche. E ognuna aveva un numero: non serviva solo per chiamare, poteva anche ricevere le telefonate. Gli amici componevano da casa il numero della cabina. Se suonava a vuoto, vuol dire che nessuno era uscito di casa. Ma a volte qualcuno rispondeva: «Sono qui, raggiungimi». E si faceva serata.

Una volta credevo che la tecnologia servisse a fare meglio e più in fretta le cose che si erano sempre fatte. La mail ad esempio sostituisce la lettera, anche se ovviamente non è la stessa cosa: la lettera richiedeva più tempo ma anche più riflessione, era destinata a lasciare un segno, a fissare un punto; di una mail magari ci si pente un attimo dopo averla mandata, e prima che il destinatario la legga – se non è finita direttamente nella spam – si ha già cambiato idea. Figurarsi le chat, dove si scrivono in modo compulsivo le cose così come vengono, anche quelle che non si pensano davvero. La wii, la playstation, i giochi che si fanno davanti a un computer o a un televisore sono un surrogato del tennis e del calcio, quelli veri; che infatti si praticano sempre meno, con i risultati che sono sotto gli occhi di tutti: ragazzini obesi e nevrotici, e penuria di campioni.

Ma la rivoluzione dei telefonini e della rete ci mette di fronte a un fenomeno diverso e inedito. Siamo arrivati a una vera e propria mutazione della famiglia. I ragazzi possono anche restare a casa dei genitori fino a trent'anni; ma è come se fossero usciti quando ne avevano dieci, appena hanno avuto il primo cellulare. E questo fa soffrire tutti moltissimo: i genitori, i nonni, e in fondo anche tanti ragazzini, perché il rapporto con i familiari è una cosa importante, che ti segna e ti porti dietro per tutta la vita.

Sono d'accordo, a volte Google e YouTube sono strumenti che uniscono, ci si può costruire una serata come si costruisce un puzzle: ascolti una canzone, guardi un video, cerchi una notizia. Ma è molto più frequente che il vortice della rete, come lo chiamate voi, vi trascini via, in un'orbita che non interseca mai quella degli altri. E questo nella nostra famiglia succede soprattutto a te, Rossana.

ROSSANA

A dire il vero, WhatsApp non simula certo una lettera, ma una conversazione faccia a faccia, ed è vero che ci capita di scrivere cose di cui magari ci pentiamo subito dopo proprio perché si tratta di un dialogo immediato, come se fosse fatto di persona. Però ci sono delle eccezioni, per esempio i messaggi di auguri: spesso per i compleanni gli amici si scrivono messaggi chilometrici, preparati in anticipo sul blocco note dello smartphone per evitare di inviarli incompleti per errore.

Al ginnasio avevo due amici che su WhatsApp litigavano in continuazione per poi riappacificarsi; e il giorno dopo a scuola mi facevano leggere i loro scambi, che per me e alla fine anche per loro risultavano esilaranti.

Certo questo funziona tra noi adolescenti; mi rendo conto che per parlare con voi non è altrettanto efficace. Anche se spesso gli adulti usano WhatsApp in modo molto più frenetico di noi ragazzi, fino a rendersi un po' ridicoli.

Guardate che non era facile neppure per noi comunicare con i genitori e i nonni. La differenza di età era minore di adesso, perché i figli si facevano da giovani. Ma tra le generazioni c'erano abissi, scavati da guerre mondiali e guerre civili, dalla fatica immane di ricostruire un Paese a pezzi. Nelle vite dei nostri nonni e dei nostri genitori era successo di tutto: il fascismo, il comunismo, i conflitti armati, la guerra fredda. Ma non era cambiato nulla: i valori restavano sempre gli stessi, il modo di vivere e di pensare anche. La vera cesura, la svolta autentica fu il Sessantotto (che in Italia è durato dieci anni), la ribellione contro le gerarchie e le istituzioni, a cominciare da quella che tutti i giovani avevano sottomano: la famiglia tradizionale. Messa in crisi dalla contestazione. E distrutta definitivamente dall'età che è seguita: quella dell'edonismo e dell'individualismo. Come ha scritto Massimo Fini, nel nostro tempo non è successo quasi nulla, ma è cambiato tutto. E la rete ha dato il colpo di grazia a un modo di vivere e di comunicare che aveva resistito per secoli.

Qualsiasi forma di gerarchia dentro la famiglia è saltata. L'educatore non è più il padre, né tantomeno l'insegnante, o il sacerdote; è la rete. Anche il ruolo dei libri si è drasticamente ridimensionato. Per fortuna se ne vendono ancora, ma non è più da lì che passa la circolazione del sapere e l'organizzazione dei valori. I figli non leggono i libri che avevano letto i genitori: e aver letto gli stessi libri, aver pensato e provato le stesse cose era stato il collante tra generazioni molto diverse.

Noi siamo stati l'ultima a leggere *Cuore* e *Pinocchio, Sinuhe l'Egiziano* e *Quo vadis?*, Salgari e Verne, e poi i francesi e i russi, Balzac e Dostoevskij; a volte emozionandoci, a volte sbadigliando.

Per esaltare la resistenza del libro di carta si fa notare che il libro elettronico non ha mai sfondato. È vero; ma perché sull'i-Pad o sull'i-Phone non si leggono i libri. Ci si infila in un labirinto dove le stesse canzoni sono ascoltate ossessivamente, un post rimanda a un altro post, il link connette a un altro link; e andando nel vasto mare del web si va sempre da dove si è venuti.

Io vi capisco. Capisco la vostra generazione, perché resistere alle sirene della rete non è facile neanche per noi, che non ci siamo caduti dentro da piccoli come Obelix nella pozione magica, ma l'abbiamo incontrata da grandi. Provate però anche a mettervi nei panni di un genitore che si trova davanti non un figlio ma la cover di un cellulare e le famigerate cuffiette.

Anche quelle non sono un fenomeno inedito. Sono le discendenti del walkman degli anni Ottanta, quando incontravi per strada persone che correvano o camminavano con la musica nelle orecchie. Ma ora è diventato un fenomeno di massa. E non c'è nulla di peggio che stare in casa o uscire per strada con uno spartito di suoni già scritto. Escludendo la possibilità di incontrare qualcuno o notare qualcosa. Comunicando al mondo esterno, dai parenti agli estranei, che nulla e nessuno vi interessa davvero – una musica imprevista, una parola dei vostri genitori, la sorpresa di uno sconosciuto –, se non quello che avete già scelto e vi portate dietro, rinunciando a qualsiasi altra possibilità.

FRANCESCO & ROSSANA

Papà, continui a lamentarti per questa storia dei libri, ma noi continuiamo a ripeterti: non è vero che esiste un divario così colossale tra le nostre letture e le vostre.

Noi proviamo ad assecondare le tue raccomandazioni, abbiamo anche letto *Cuore*, anche se onestamente è davvero noioso; invece abbiamo amato *La fattoria degli animali*, come *Don Chisciotte*. Chi ha detto che siete l'ultima generazione ad aver letto i romanzieri francesi? A noi è piaciuta molto *Eugénie Grandet* di Balzac, oltretutto scaricata su i-Books, un'applicazione del cellulare. E non è come dici tu a frammenti, il libro è tutto intero ed è gratis, come la maggior parte dei classici.

Pinocchio l'hanno letto tutti. Quando eravamo piccoli in vacanza al mare ci leggevi sempre *I tre moschettieri* e l'*Inferno* di Dante, forse così abbiamo assorbito la tua passione e l'abbiamo resa nostra. Dopotutto, ancora oggi ci piace ricordare i nomi dei diavoli della *Divina Commedia* – Malacoda, Alichino, Calcabrina, Cagnazzo, Barbariccia... – e non è solo per farti contento, sono una memoria divertente della nostra infanzia. Anche per questo capiamo che tu guardi con un po' di rimpianto al fatto che queste tradizioni possano perdersi, ma mantenerle vive sta a voi genitori.

I cellulari non vi impediscono di parlarci, non ci rendono completamente alienati e incapaci di apprezzare gli stimoli che ci date. Sai che odiamo sentirci dire che usiamo i telefonini come una barriera per isolarci, anche se a volte è più facile rifugiarci nei nostri piccoli mondi ed evitare il confronto diretto. Ma non devi pensare che lo smartphone possa sostituire la figura del genitore, semmai spesso sono i genitori a utilizzarli per distrarre i loro figli, come magari anche tu da piccolo venivi messo davanti alla televisione.

Voi mantenete sempre il vostro ruolo fondamentale di trasmettere valori, passioni e interessi. La responsabilità di quel che siamo è vostra; non del telefonino, che semmai è il vostro alibi.

Libicocco vegn'oltre e Draghignazzo
Ciriatto sannuto e Graffiacane
e Farfarello e Rubicante pazzo...

Vi rendete conto che in quanto italiani abbiamo la fortuna di parlare la stessa lingua del poeta più grande che l'umanità abbia mai avuto? Uno che ha fatto poesia di Dio e di Lucifero, inventando ad esempio questi nomi straordinari di diavoli? Ma questo discorso merita un libro a sé.

Non sapevo che fosse così facile leggere i classici in rete, anche se continuo a preferire la carta. Ed è importante per noi genitori essere consapevoli che la rete non può diventare un alibi, una scusa per sottrarci alla nostra responsabilità di educarvi e prepararvi a un mondo più complicato di quello su cui ci affacciavamo noi alla vostra età.

A volte però i padri e le madri non si curano di trasmettere valori ai figli; li usano per diventare protagonisti sul web.

È un fenomeno che ha ricostruito bene Emanuele Coen sull'«Espresso». Nel 2012 una coppia californiana che non riusciva ad avere bambini ha cominciato a raccontare la propria storia in rete. Bryan e Missy Lanning, lui cantante lei casalinga, hanno aperto un sito, Daily Bumps, in cui hanno confidato le loro traversie, culminate con la nascita di due ragazzini, Oliver e

Finley, e con l'arrivo di un pastore australiano, Karma (ci sarebbe anche un gatto, Zuri, che però è stato regalato allo zio Jimmy). Non si sa perché, ma due milioni e mezzo di persone si sono iscritte al sito per non perdere una festa di Halloween o un bagno al mare dei piccoli. E loro fin dalla nascita vivono in una sorta di «Truman Show», un reality in diretta, per la soddisfazione anche economica dei genitori.

Si chiama «family vlogging». È il business di pubblicare ogni giorno spezzoni di vita familiare. I pionieri sono stati Jonathan e Anna Saccone, due irlandesi che abitano a Londra con tre figli e sei cani, di cui possiamo seguire vacanze (anche in Italia, a Sorrento) e vicissitudini sul canale Sacconejolys. Da allora è un dilagare di genitori che mettono online il filmato del parto o del pupo che dice le prime parole.

Intendiamoci: un po' tutti noi genitori abbiamo il filmato dei figli che dicono le prime parole. Ce n'è uno spassosissimo, Francesco, in cui i nonni materni tentano di farti dire «mamma», e tu rispondi ostinato: «Papà». Tu hai pochi mesi, non cammini ancora, ma già mi chiami, il che mi ha sempre reso molto orgoglioso. Ma mi vergognerei come un ladro a mettere quel video su YouTube. Non perché ci sia nulla di male, ma perché è una cosa mia, privata, già raccontarla mi crea un po' di imbarazzo, figurati mostrarla.

E poi vivere la vita in streaming espone a delusioni e a pericoli. Provate a mettervi al posto di un papà youtuber di successo. E se i prossimi video saranno meno cliccati? E se attireranno qualche malintenzionato? Siamo sicuri che tutti i protagonisti del web siano in grado di tornare indietro, dalla fama globale alla solitudine della loro intimità? È un rischio autentico. Perché a cercare consenso su Internet spesso sono persone incompiute nella vita vera. O magari ragazzi che hanno rapporti difficili con la famiglia e con i compagni.

FRANCESCO

Papà, i veri campioni del vlogging sono due insegnanti della California, Kristine e Matt, con i loro sei figli piccoli. Si travestono da pompieri, orsi, judoka, poliziotti, cowboy, pirati, personaggi di *Guerre stellari*. Con il titolo «Divertiamoci in famiglia, ogni giorno» hanno superato i tredici miliardi di visualizzazioni.

Ovviamente non tutti i genitori vogliono condividere con gli sconosciuti le gioie vissute accanto ai figli piccoli. Ma Internet può fare un po' da capsula del tempo. Niente nell'era digitale si distrugge, e questo può anche essere un bene. Oggi non sappiamo quasi nulla dei familiari venuti prima di noi. Si riesce a risalire ai bisnonni, a volte neppure a quelli: nessuno, tranne qualche aristocratico, conosce il volto e il nome dei suoi antenati. Un domani forse qualcosa di noi resterà, grazie a Internet. Agli altri non importerà nulla; ma ai nostri discendenti sì.

E poi tutto questo dimostra che in giro c'è una grande voglia di famiglia. Non solo di sposarsi, fare figli, allevarli, che è poi quello che manda avanti il mondo, ma proprio di stare insieme, di giocare, di divertirsi, di scambiarsi in modi nuovi l'affetto eterno che lega i genitori ai figli.

Non a caso molte serie tv, alcuni reality e pure qualche talent, anche su Sky e sui canali digitali che sono quelli più seguiti dai giovani, riguardano la famiglia: «Sos Tata», «Quattro matrimoni in Italia», «Quattro mamme», «Matrimonio a prima vista», «Il contadino cerca moglie», «I Cesaroni», e ovviamente «Un medico in famiglia».

III

L'era della stupidità

Chi è secondo voi il personaggio più interessante emerso nella politica mondiale nel 2017? Secondo me, Emmanuel Macron. A 39 anni è stato eletto presidente della Repubblica francese, e ha conquistato la maggioranza in Parlamento con un partito che pochi mesi prima non esisteva. Provate a digitare Macron su Internet. Le parole più ricercate accanto al suo nome sono «gay» e «moglie». Il mitico popolo del web non vuol sapere chi sia, cosa voglia fare, perché abbia fatto suonare l'inno europeo prima della *Marsigliese*. Vuol sapere se davvero ha sposato una donna più anziana di lui non perché la ama, ma per nascondere di essere omosessuale.

Chi è secondo voi il personaggio più interessante emerso nello spettacolo italiano nel 2017? Secondo me, Francesco Gabbani. Ha vinto il Festival di Sanremo con una canzone geniale, si è inventato il tormentone dell'estate. E di cosa discute la rete? Di quanto ce l'abbia lungo. In alcune foto in effetti Gabbani pare superdotato. In altre sembra invece normale, se non modesto. Ma vi pare un argomento di un qualche interesse? Eppure appassiona molto. Se ne dibatte anche a proposito di Alberto Angela e di altri. Come quando eravamo bambini.

Il punto è che la rete trasforma tutto non in oro, ma in fango. Ci attraggono o le miserie o le stupidaggini. Come quando si rallenta in macchina perché nell'altra corsia c'è stato un incidente; Internet è l'incidente. Trasforma la tragedia in curiosità. Riesce a ridurre la più seria delle questioni a una sciocchezza. O a un gioco, neppure troppo intelligente.

Abbiamo costruito un mondo in cui un videogame, «Candy Crush», viene venduto per sei miliardi di dollari, una cifra con cui si potrebbero sfamare interi Paesi africani. Un mondo dove i protagonisti della discussione pubblica non sono Donald Trump, Vladimir Putin, Xi Jinping, persone che detengono un potere mai eguagliato nella storia, che potrebbero cancellare l'umanità dando l'ordine di un attacco nucleare; sono Paris Hilton, Kim Kardashian, Amber Rose. Prodigi nati da un incrocio tra palestra, silicone e fotoshop. Corpi scolpiti da personal trainer, chirurghi estetici e maghi del computer.

Favole postmoderne, persone che vivono una vita fiabesca grazie anche ai proventi del web, scendono in alberghi a sette stelle, si frequentano e si imparentano tra loro; così il fratello di Kim Kardashian ha fatto un figlio con Blac Chyna, che in effetti è una nera dai tratti orientali, ma poi si sono lasciati e così Kendall e Kylie, le sorelle di Kim, hanno postato una foto in cui... Viene da rivalutare il culto nostrano di Belén Rodríguez, che ormai per gli italiani è figura di famiglia. Sono le star del web: famose per essere famose. Ma non per questo innocenti.

Un po' tutte campano di pubblicità, più o meno occulta. Chiara Ferragni, la fashion blogger fidanzata di Fedez, è stata la prima in Italia a riconoscerlo e a mettere nelle sue foto l'hashtag #ad, che sta per «advertisement». L'ha notato Giuliano Balestreri sul sito it.businessinsider.com: «Non c'è nulla di male a fare il testimonial di una crema o di una marca di pentole; piuttosto è grave che la relazione economica tra un marchio e un personaggio non sia resa pubblica. È difficile credere che Giorgia Palmas si svegli ogni mattina abbracciando un cuscino con la mano destra mentre brandisce un tubetto di Nivea con la sinistra, senza avere un qualche tipo di ritorno; o che Belén si faccia fotografare con una marca di occhiali da sole scelti a caso. Anche la situazione di Fedez è paradossale: per un certo periodo le città italiane sono state tappezzate dalla foto del cantante che fuma una sigaretta a vapore, però poi sui social la stessa sigaretta viene postata come fosse uno scatto rubato alla quotidianità. I consumatori, soprattutto i più giovani, sono facilmente vittime della comunicazione occulta. Soprattutto quando i testimonial sono i loro idoli del momento».

Si chiamano «influencer marketing». Sono sconosciuti a noi analfabeti digitali, ma popolarissimi sul web. Il «best digital influencer 2017» ad esempio è tale Oscar Branzani. Ha 27 anni, è un ex calciatore della Sampdoria. Ad Antonella Luppoli di «Libero» ha detto di aver trovato facilmente seguaci sui social, «perché erano tifosi o perché mi vestivo bene». Guadagna più di quando giocava a pallone: anche 4 mila euro per un post. Dichiara di avere dimestichezza con il mondo della moda: «Mia madre ha avuto per trent'anni un negozio di intimo». Un po' come Aldo Giovanni e Giacomo, quando dicono di essere esperti di «tecnologie avanzate» perché hanno un negozio di ferramenta. Fatto sta che il digital influencer ha scoperto di poter pubblicizzare anche prodotti suoi, e gli introiti sono giustamente cresciuti. Ha un milione di follower e 15 milioni di visualizzazioni settimanali su Instagram. È un po' preoccupato perché ora ha meno tempo per fare attività fisica (in quasi tutte le foto è seminudo). Anche se certo non può competere con l'uomo più seguito del mondo: Cristiano Ronaldo.

Tra ragazzi che si rivedono i suoi gol e ragazze che si rivedono i suoi muscoli, di follower CR7 è arrivato a totalizzarne 255 milioni, staccando Selena Gomez e Rihanna: più della popolazione di Italia, Francia, Spagna e Germania. Ma almeno è un grande calciatore. Dan Bilzerian invece è un pokerista divenuto famoso per le sue foto nel lettone di grandi hotel, in compagnia di otto o nove donne vestite solo dei dollari da lui vinti al tavolo verde. I follower sono oltre 22 milioni. Numeri che in effetti hanno poco senso: i seguaci si comprano e si vendono.

FRANCESCO & ROSSANA

Il nostro idolo invece è Salvatore Aranzulla, un ragazzo di 27 anni di Mirabella Imbaccari, provincia di Catania, appassionato di informatica, autodidatta. Ha iniziato a fornire consulenze agli amici che gli chiedevano informazioni tipo: come posso evitare che su WhatsApp il segno del messaggio ricevuto si colori di blu, in modo da non far sapere che l'ho letto? Ora è diventato ricco vendendo in tutto il mondo manuali di informazioni e corsi per analfabeti digitali. Un po' come il maestro Manzi di cui ci raccontavi quand'eravamo bambini, che insegnò a leggere e a scrivere a molti italiani adulti. Anche per te, papà, non è mai troppo tardi.

Ridete, ridete. Ma il web è anche un gigantesco sciocchezzaio. O, se preferite, un «inutilaio», come la scrittrice Elena Stancanelli chiama quei negozi cinesi in cui si vendono decine di cose, tutte inutili, al punto da far sospettare che siano investimenti per riciclare denaro. Un'agorà in cui ognuno può dire quel che gli pare, anche di argomenti di cui non sa nulla. Alcune volte sono improvvisazioni pericolose. Più spesso sono soltanto stupidaggini.

Volete informazioni su un ristorante? Diffidate di TripAdvisor. Come tutti sanno, è facilmente manipolabile. Ma anche quando i clienti scrivono davvero quello che pensano, i risultati a volte sono risibili. Il principale criterio con cui si giudica il lavoro degli chef, del maître, dei camerieri è il prezzo. Con esiti assurdi, per cui la famigerata taverna sotto casa nostra, quella dove abbiamo mangiato sempre malissimo, risulta migliore di osterie e trattorie strepitose che ovviamente costano di più. Ma io non voglio l'opinione del primo che passa; mi interessa l'opinione di un competente, che sa quello che scrive, fosse la diagnosi di una malattia o un giudizio sugli agnolotti. Il problema è che la competenza e l'esperienza sono considerate inutili o fastidiose. Avere un curriculum o una storia non è una dote, è un'aggravante. Così la recensione di uno che frequenta i ristoranti due volte l'anno vale più di quella di Edoardo Raspelli, che li conosce da una vita, e una volta a forza di voler provare tutti i piatti ci è quasi morto.

FRANCESCO & ROSSANA

Sì, papà, quello che dici è vero, la rete in questo momento viene usata anche per stupidaggini, e alcune app che potrebbero essere utili sono organizzate male.

TripAdvisor non solo giudica soprattutto i prezzi dei ristoranti, ma a volte diventa lo sfogatoio di persone che per farsi notare danno giudizi a caso. Così Massimo Bottura, che i colleghi nel 2016 hanno giudicato il migliore chef al mondo, per TripAdvisor non è neanche il migliore della sua città: il primo ristorante di Modena non è la Francescana ma una trattoria dove si mangerà senz'altro bene, ma insomma... tanti però si sentono migliori a mettere una sola stella a Bottura, così, per il gusto di farlo.

Se è per questo, su TripAdvisor si recensiscono anche i monumenti, e gli stranieri a volte lo fanno in modo assurdo. Il Colosseo è «un ammasso di rovine», «l'edificio più sopravvalutato al mondo», il Pantheon «solo un buco in un soffitto convesso», piazza di Spagna «una rampa di vecchi scalini, piena di persone attratte da troppi commenti positivi», la Cappella Sistina «per nulla impressionante, non si possono fare le foto», gli Uffizi «molto noiosi, i dipinti di Gesù sembrano tutti uguali», il Ponte Vecchio «un ponte non attraente con negozi fatiscenti su entrambi i lati, dopo aver letto tutte quelle recensioni positive pensavo di essere sul ponte sbagliato», la basilica di San Marco «triste e uggiosa, non ci si possono portare dentro le borse», il Palazzo Ducale «noioso, totalmente stravagante, troppi scalini». Piazza San Marco: «Mah...». Canal Grande: «Mai più». Duomo di Milano: «Bah...». Torre di Pisa: «Immagina un mago con un solo trucco, o una tv con un solo canale; se la trovi esaltante e pensi che valga un viaggio, allora vai a vedere la torre malfatta di Pisa. Appena giri l'angolo per entrare nella piazza, la trovi; ed è tutto quello che c'è, a parte i negozi di souvenir». Forse si aspettavano un centro commerciale.

Certo sono casi limite; ma il monumento della capitale di gran lunga più recensito e amato dai turisti è il Vittoriano, spesso confuso con un'opera di Roma antica.

Vedete che mi date ragione? Devo dirvi però una cosa: con Bottura mi sento in colpa. Quando andai a intervistarlo per il «Corriere», alla vigilia del referendum del 4 dicembre 2016, mi disse che non gli piaceva l'aria di sfiducia collettiva che sentiva nel Paese, e che se avesse vinto il No gli sarebbe venuta voglia di chiudere e trasferirsi a New York. Ovviamente era un sentimento, non un'intenzione, e come tale l'ho presentato nell'articolo. Ma la rete non bada a tali sottigliezze, e siccome la rete è sempre contro, è sempre per il No, così nobile e semplice, il povero Bottura è stato sottoposto a un linciaggio digitale solo per aver detto quello che pensava. Così impara ad avere successo nel suo mestiere.

Quando avevo la vostra età, il cibo e il vino non erano così importanti. Si mangiava e si beveva, ovviamente, ma non era un'ossessione com'è diventata al tempo del web, grazie anche alla deriva dei famosi. Modelle spaventosamente magre si riciclano come «food blogger». Ovunque vada, Bella Hadid posta su Snapchat una foto mentre mangia la pizza, Kim Kardashian lo zucchero filato, Emily Ratajkowski la bistecca, suscitando le ire dei vegani. Perché la tribù più feroce del web, accanto ai videogamer, sono gli animalisti.

Intendiamoci: hanno molte ragioni. Gli allevamenti trattano gli animali come prodotti industriali, sottoponendoli a un'autentica tortura. Ma l'integralismo non giova alla causa. Sergey Brin, l'eroe di Google, finanzia i laboratori olandesi che hanno creato l'hamburger sintetico, ricavato da cellule staminali. Così si potrà mangiare carne bovina senza bisogno di prigioni in cui le mucche soffrono. Brin e gli animalisti dovrebbero però sapere che le mucche non pascoleranno libere e felici; semplicemente, non ne alleveranno più.

Anche la mania di umanizzare gli animali non fa il loro bene. Il cane e il gatto hanno diritto di essere rispettati; e il modo migliore per farlo è appunto trattarli da cane e da gatto, non come surrogati di figli. L'amore per un animale è un sentimento nobile, ma è un sentimento privato. Non può essere imposto agli altri. Quando diventa mania, come è facile vedere facendo un giro in rete tra i video e gli spot dei regali, dei profumi, dei vestiti per le bestiole, allora rischia di diventare un amore malato. Guai però a farlo notare: si viene sottoposti a un «mail-bombing», a un bombardamento elettronico di insulti.

Perché sul web quasi nessuno esordisce dicendo: non sono d'accordo con te. Per prevalere sul chiacchiericcio si avverte sempre la necessità di alzare la voce.

FRANCESCO & ROSSANA

Però la rete è innanzitutto dissacrante, non pensare che tutte queste figure «famose per essere famose» siano incondizionatamente idolatrate. Anzi, molto spesso vengono prese in giro. Ad esempio le Kardashian noi le conosciamo solo perché su Internet le ridicolizzano dicendo che non sanno fare nulla: le loro linee di moda sono banali o copiate da idee altrui. Uno dei passatempi preferiti sulla rete è smascherare le loro immagini ritoccate. Sai che hanno anche uno show? «Keeping up with the Kardashians».

Non sappiamo bene che cosa facciano, né a chi interessi davvero restare aggiornati su tutto quello che fanno: in ogni caso, le scene che girano le rendono soprattutto ridicole. Una è stata pure in galera, c'è una scena cult in cui la madre dice a una delle figlie: «Smetti di farti selfie, tua sorella sta andando in prigione!». Forse questo atteggiamento è ciò che rende davvero famosi certi personaggi, sono le prese in giro ad accrescerne la fama.

Il bello della rete è che prende in giro tutti, mette tutti sullo stesso piano; e più sei noto, più la rete ti prende di mira.

Sono sollevato al pensiero che non prendiate troppo sul serio i «morti di fama», come li chiama Roberto D'Agostino, il geniale inventore del sito Dagospia. I miei timori sono forse sbagliati, o almeno esagerati. È possibile che il mio giudizio sulla rete sia viziato dal timore che stia uccidendo i giornali, quindi il mio mestiere. Ma a volte ho l'impressione che stia profanando tutto quel che ho di più caro.

Provate ad andare su Wikipedia a leggere le biografie dei grandi giornalisti del passato. Persone cui si devono pagine straordinarie sul nostro Paese e su noi stessi, scrittori che scrivevano molto meglio dei letterati professionisti; anche perché in Italia gli accademici non diventano quasi mai divulgatori, non riescono a rivolgersi al popolo, che disprezzano e considerano appunto volgo, mentre di sé pensano di essere tanto più bravi quanto sono incomprensibili. Cercate notizie di Indro Montanelli, Enzo Bettiza, Giampaolo Pansa, Giorgio Bocca. Troverete piccole polemiche, noterelle su cose del tutto secondarie, talora – fuori da Wikipedia – attacchi livorosi, inaccettabili, da parte di mediocri cliccati da altri mediocri. Grandi avventure umane ridotte a litigi da comari.

Giorgio Bocca ad esempio viene inchiodato alla militanza giovanile nei Guf, Gruppi universitari fascisti. Wikipedia annota diligente: «Il 4 agosto 1942 firmò un articolo sul settimanale "La Provincia Grande" (foglio di ordini dei Fasci di Combattimento) nel quale imputava il disastro della guerra alla "congiura ebraica" a cui "l'Europa ariana" dovrebbe opporsi». Poi ricorda la recensione ai *Protocolli dei Savi di Sion*, una «denuncia dell'imperialismo sionista apparsa ne "La Sentinella delle Alpi" del 1939».

Sentite invece come lo stesso Bocca racconta quella storia nel *Provinciale*, che per me è il più bel libro scritto da un italiano negli ultimi trent'anni: «La signora Ravenna del centro di documentazione ebraico aveva trovato negli archivi una mia recensione ai *Savi di Sion*, che era un sunto nudo e crudo del testo che non sapevo apocrifo e che comunque non mi importava che lo fosse, dato che era una recensione chiestami dal federale per uno dei soliti ordini giunti da Roma. L'avevo completamente rimossa, ero stato vicino agli ebrei di Cuneo durante la persecuzione, vicino durante la guerra partigiana, amico dopo, mi sembrava che quel ritaglio fosse saltato fuori dal cilindro di un prestigiatore. Ma c'era e la Ravenna mi perseguitò per anni. A qualsiasi dibattito andassi li vedevo seduti in prima fila, lei o un suo incaricato, con nelle mani i volantini che riproducevano la recensione, e finalmente imparai a liberarmene dicendo così, subito: "Vedo in prima fila la signora Ravenna del centro di documentazione ebraico che è qui per rivelarvi che sono stato nei Guf e che ho scritto una recensione ai *Savi di Sion*". Ci scherzavo anche con gli amici ebrei di Milano e di Courmayeur ma coglievo sul loro viso come un riflesso condizionato: va be' non parliamone, ma l'hai scritta».

E ogni volta che io rileggo quel «ma l'hai scritta» mi vengono i brividi, perché penso che un vero grande è sempre duro con se stesso, e Bocca con se stesso è davvero feroce. La macchina da scrivere elettronica che vedete in casa era la sua. Me l'ha regalata suo figlio Davide, e per me che agli oggetti sono del tutto disinteressato questo è l'unico che conti. Altro che l'ultimo modello del cellulare.

Oggi le macchine da scrivere non esistono più, quelle elettroniche poi hanno vissuto solo pochi anni, e anche le macchine fotografiche sono in via d'estinzione; come gli orologi, i navigatori, le torce, i lettori di musica, le fotocamere, le sveglie. Sopravvivono per qualche specialista, qualche amatore. In compenso tutti hanno con sé in ogni momento una macchina per fotografare, guardare l'ora, trovare la strada, illuminare la notte, ascoltare canzoni, girare un video, svegliarsi la mattina: il cellulare. Persino le vendite di chewing-gum sono diminuite: lo smartphone sostituisce la gomma nei tempi morti.

Ma guardate ragazzi che già la realtà, da sola, è capace di toglierci concentrazione, di distrarci continuamente, di impedirci la riflessione. La vita vera è sufficiente a proiettarci al di fuori di noi stessi, talora sino all'alienazione. Figuratevi la vita virtuale. Voi sapete che nella cultura greca l'indovino, da Tiresia a Calcante, è sempre cieco: vede con gli occhi della mente cose che noi, distratti, non vediamo. Lo stesso Omero significa «colui che non vede»: il poeta, incorrotto dalla realtà, immagina un mondo e lo crea.

Se Omero avesse avuto la vista, non avrebbe scritto l'*Iliade*. Se poi avesse avuto il telefonino, si sarebbe limitato a qualche sms.

FRANCESCO & ROSSANA

Papà, che strano che non hai raccontato la storia dei fenicotteri, visto che ce la ripeti a ogni occasione! Eravate in Madagascar, siete passati con la barca accanto a un'isola coperta di fenicotteri, il capitano ha suonato la sirena, loro si sono alzati in volo tutti insieme, il cielo si è oscurato, tu ti sei girato per condividere il momento con la mamma e gli altri compagni di viaggio e non hai trovato nessuno: stavano tutti fotografando.

Non erano fenicotteri, ma uccelli bianchi di cui non ricordo il nome. E poi raccontata così pare un viaggio da Kardashian; invece dormivamo in tenda o nelle missioni, giravamo con lo zaino, la barca era un piccolo peschereccio. Era il 1991, proprio l'anno in cui uscì *Il provinciale*, e il Madagascar era ancora una terra selvaggia; passammo la notte su isole deserte come Tsarabanjina, che oggi ospitano resort. E comunque sì, quel momento indimenticabile i miei compagni di viaggio non l'hanno vissuto, l'hanno soltanto fotografato. Proprio come fai tu, Rossana, che scatti foto di continuo.

Tu sai perché si fotografa, vero? Per sottrarre un'immagine o un istante al destino che attende tutto e tutti: la fine, la morte, l'oblio. Ma se si fotografa di continuo qualsiasi cosa, allora ci si toglie il piacere di viverla, di godere la vita in tempo reale. Ogni cosa dev'essere fotografata e filmata, poi postata e linkata. Come se non fosse successa a voi, ma a tutti; e quindi a nessuno.

ROSSANA

Oddio, papà, come sei drammatico! Sai che io amo molto la fotografia, e non penso che mi impedisca di godermi le situazioni, anzi, spesso mi sembra di apprezzare di più la bellezza di un luogo, i dettagli, quando mi sforzo di guardare le cose dall'angolo migliore.

E poi chi l'ha detto che le foto dei viaggi non le riguarda mai nessuno? Spesso mi ritrovo a scorrere le immagini della galleria sul cellulare, e questo mi consente di fissare ricordi che altrimenti sarebbero svaniti. Tu sembri disprezzare il fatto che tutti pubblicano le loro immagini, ma io il profilo Instagram lo faccio per me, per avere le mie foto raccolte e ordinate in un solo posto, più che pensando che un altro le veda.

Semmai mi piace immaginare che qualcuno decida di fare un viaggio per vedere una cosa che ho visto e fotografato io. È successo a volte che una persona su Instagram mi chiedesse dove avevo fatto quello scatto. Ed è successo sia per un'immagine di Angkor, sia per il ponte di Castel Sant'Angelo.

Per i 18 anni si usa regalare un video realizzato con il cellulare mettendo insieme le foto in cui il festeggiato è venuto peggio; è un modo più creativo per fare gli auguri che comprare un biglietto in tabaccheria, non trovi? Quando poi la nostra amica Marta era in Canada per un semestre, per il suo diciottesimo compleanno abbiamo organizzato una partita a briscola con lei via Skype; e il regalo gliel'abbiamo mandato via Amazon.

La verità è che voi siete la generazione che vive con la tv accesa; per noi la tv non è così importante, ma siamo la generazione che vive con il cellulare connesso. Metterlo via non risolve niente. E stare due ore su Internet non è come stare due ore davanti alla televisione. Nessuno passa due ore online a fare la stessa cosa. Si cambia di continuo. Magari si fa una cosa sciocca e se ne fa una intelligente. Oppure si fa una cosa che all'inizio pare trascurabile e alla fine si rivela utile. E poi deciditi: il telefonino ci toglie capacità di concentrazione? O siamo troppo concentrati sul telefonino?

La seconda che hai detto. E se insistete, finirete per farmi innervosire. Perché a volte il telefonino mi fa davvero arrabbiare.

Prendete il correttore automatico. Io sono ignorante; ma lui lo è più di me. Prima ho scritto appunto Omero sullo smartphone e me l'ha corretto in «morto», poi in «omelette». Charles de Gaulle diventa Charleston del Grulle. La Shoah, «ahi ahi». Vasco Rossi per qualche misteriosa ragione diventa Asco (ma cosa vuol dire?). Renzi una volta è diventato re Renzo, cosa che forse non gli dispiacerebbe. Ma il correttore dell'i-Phone deforma persino il nome del suo inventore: Steve Jobs viene storpiato in Jobson.

Ora, ho capito che il sistema cerca parole che ho già scritto o che magari trova nelle mie mail o nella mia rubrica. Ma l'altra sera, Rossana, ti ho scritto un messaggio per chiederti se ti eri esercitata su Chopin, e il correttore automatico l'ha trasformato in Cuppini. E io non conosco nessun Cuppini. Per ovvi motivi non posso permettermi ironie sui nomi buffi; ma perché un'intelligenza così sofisticata come il correttore automatico cambia Chopin in Cuppini? Non pretendo che conosca la letteratura greca o la storia francese o la musica classica. Ma oltre che ignorante è pure un po' tonto. L'altra sera, Francesco, ti ho scritto su WhatsApp per proporti un burrito al messicano sotto casa, l'ho scritto giusto ma il burrito mi è diventato prima «nutrito», poi «nitrito». Basta!!!

Ovviamente, il correttore automatico può anche essere una grande comodità, quando ci suggerisce la parola giusta e la scrive. Ma è pur sempre una macchina che pensa per noi, che scrive al nostro posto, che ci considera prevedibili (oppure che sa quanto siamo prevedibili). E questo mi dà un fastidio tremendo. Come mi dà fastidio il fatto che, ogni volta che faccio una ricerca, la rete mi segnala l'imperdibile video di uno squalo che a Venezia attacca una gondola.

Mentre vi sto scrivendo, leggo che è morta la moglie di Enrico Berlinguer, e mi viene da raccontarvi la sua storia. Digito il suo nome su Google. Ma l'Enrico più cliccato dagli italiani non è lui, neanche il giorno in cui muore sua moglie. È Enrico Papi.

E c'è di peggio. C'è la cattiveria online. I cyberbulli. E le cybervittime.

IV

I cattivi e i fragili dei videogame

«Inutile stare qui a dirvi quante lacrime ho buttato da ieri a oggi e non vi nego che lo sto facendo tuttora é dura sapere di non poter affrontare un sogno per cui ci ho lavorato per anni. Tutti mi dicono che il destino non ha voluto che io andassi avanti fermandomi qui, ma si sbaglia il mio destino, io faró come ho sempre fatto mi rialzerò é costruiró un'altro cammino che vada dritto al mio sogno......... GRAZIE ANCORA A TUTTI VOI. É STUPENDO SAPERE CHE HO TANTA GENTE CHE MI SOSTIENE NON IMMAGINATE IN QUESTO MOMENTO CHE SOLLIEVO CHE MI DATE,VI MANDO UN GROSSO ABBRACCIO E VI PROMETTO: MATRIX RITORNERÁ IL PIÙ PRESTO POSSIBILE.»

Lo so che non sapete chi è Vincenzo Mangiacapre, detto Matrix. È un pugile di Marcianise – quasi tutti i pugili italiani sono di Marcianise – che vostro padre ha conosciuto ai Giochi di Londra 2012. Dopo la semifinale persa con il cubano Iglesias, diede a me e ad altri colleghi una delle interviste più divertenti della storia olimpica.

Vincenzo, cos'è successo?

«Nel primo round l'altro teneva la testa bassa, io ho sbagliato a non attaccare...»

E nel secondo round?

«Nel secondo round quello mi ha messo in difficoltà, io ho perso il centro del ring...»

E nel terzo round?

«Nel terzo round ho fatto proprio schifo.»

A Rio, Mangiacapre ha battuto il messicano Romero, ma si è fratturato uno zigomo: Giochi finiti. La sera è andato su Facebook e ha scritto il messaggio che ho riprodotto qui sopra, rispettando l'ortografia, la punteggiatura ma soprattutto lo spirito indomabile dell'originale.

Il problema è che il post di Mangiacapre è stato subissato di commenti che dicevano cose tipo «Così impari a tenere sempre la guardia alta e a non coprirti mai», «Ti sta bene così non fai più il furbo», o anche semplicemente «Crepa bastardo» (ho tentato di recuperare gli originali sul sito della «Gazzetta dello Sport», e non ci sono riuscito; in compenso ho aperto senza accorgermene una pagina Facebook, e adesso non so più come richiuderla. Accidenti).

Ora: un pugile simpatico e generoso si rompe la testa, si deve ritirare, scrive un messaggio in lacrime, e c'è chi gli dà contro? Chi infierisce, anziché consolare, o tacere? Cosa siamo diventati?

Ha ragione la scrittrice Zadie Smith: «L'anonimato del web trasforma anche i deboli in carnefici. È quello che succedeva nell'antica Roma al Colosseo: una folla di persone anonime, frustrate, infierisce su chi è in difficoltà. La rete sta diventando un Colosseo globale».

Ma forse sono io che sbaglio a stupirmi. Viviamo in un Paese in cui si raccolgono firme contro la più grande campionessa italiana di tutti i tempi, Valentina Vezzali, che «non ha la competenza per fare il ministro» (gli altri invece...). In cui si lanciano appelli a usare violenza contro Bebe Vio, un'italiana di cui andare orgogliosi: promessa della scherma, meningite fulminante, amputate braccia e gambe, 104 giorni di ospedale; e lei all'uscita chiede ai genitori braccia e gambe nuove, perché vuole riprendere a tirare di scherma e vincere l'oro olimpico; e lo vince davvero, nel fioretto, alle Paralimpiadi di Rio. Ma come si fa a prendersela con Bebe Vio?

Voi ragazzi non eravate ancora nati, quando Radio Radicale tentò un esperimento: lasciò i microfoni aperti, senza mediazione, a chiunque volesse dire la sua. Dovevano essere prove di democrazia diretta. Finì con una gara di insulti e di minacce, uno sfogatoio di tutti contro tutti.

I social sono Radio Radicale elevata all'ennesima potenza.

A volte con la sfacciataggine del proprio nome, più spesso dietro la maschera dell'anonimato, i «leoni da tastiera» ci sprofondano nella notte in cui tutti i gatti sono bigi, tutti i politici ladri, tutti gli industriali corruttori, tutti i giornalisti servi. Ovviamente, se tutti sono colpevoli, nessuno è davvero colpevole. E la discussione pubblica, degenerata in tribunale popolare, finisce con un lavacro in cui non esistono più responsabilità, e tutti sono assolti per eccesso di condanne.

Volete qualche altro esempio? In rete la scomparsa di Carlo Azeglio Ciampi è stata salutata come se fosse Razzi, la maschera italiana reinventata da Crozza. Non si discuteva dei suoi meriti – la battaglia per la lira, un anno a Palazzo Chigi tra le bombe della mafia e le speculazioni internazionali contro l'Italia, sette anni al Quirinale – e dei suoi errori; perché anche lui ne commise. Si discuteva della sua pensione e della scorta sotto casa. E quando morì un altro senatore a vita, Claudio Abbado, genio della musica apprezzato in tutto il mondo, il commento più cliccato fu che le pensioni risparmiate diventavano due.

FRANCESCO & ROSSANA

Papà, c'è del vero in quello che dici. Ma tanti hanno ricordato Claudio Abbado per la sua musica. E tanti sono andati a cercarlo in rete, e l'hanno scoperto lì. Una volta la musica classica era una cosa per pochi. Oggi la *Quinta Sinfonia* di Beethoven diretta da Abbado ha 171 mila visualizzazioni su YouTube, la *Messa di Requiem* di Mozart 294 mila. Sono ragazzi che senza il telefonino, senza la rete, senza i social, Abbado non l'avrebbero mai ascoltato, e forse non avrebbero mai saputo che è esistito.

Adesso non venirci a dire che *Gangnam Style* di visualizzazioni ne ha tre miliardi. Sono numeri che, come scrivi tu, non significano molto. Quando Psy ha cantato *Gangnam Style* alla finale di Coppa Italia all'Olimpico, qualche anno fa, è stato riempito di fischi; e noi a casa ne abbiamo riso. Eppure in quei tre miliardi di visualizzazioni ci siamo anche noi. Abbado rimarrà; Psy no. Beethoven e Mozart sopravvivono da secoli. *Gangnam Style* è poco più di una barzelletta: lo ascolti, ci scherzi un po' su, e lo dimentichi.

Anche Riccardo Montolivo, il centrocampista del Milan, quando si è rotto la gamba è stato sommerso di maledizioni sui social, molto più del tuo pugile. Lui ha dato la risposta migliore: «Una carezza a quelli che mi hanno augurato la morte». Li ha disarmati, li ha sconfitti. Così si fa. Mica come te, che ti sei offeso terribilmente per quattro insulti, la volta che hai parlato male dei videogiochi.

Quattro insulti?

Lasciate che vi rilegga quell'articolo del 2013. È molto breve, ed è ancora attuale.

«La vera piaga dell'infanzia e dell'adolescenza di oggi sono i giochi elettronici. Alcuni sono violenti, razzisti, orribili. Altri sono suadenti, seducenti, affascinanti (ce n'è uno che consiste nel comporre uno zoo, curando animali malati e facendo nascere i cuccioli). Quindi i giochi elettronici non sono tutti uguali, e non rappresentano un male in sé. Tutti però proiettano i nostri figli al di fuori di se stessi, e rischiano di farne degli alienati. Come una droga, li allontanano dallo studio, dalla lettura, persino dalla tv. Sembra passata un'era geologica dai primi videogame, quelli con i marzianetti che apparivano così facili da abbattere. Invece i marzianetti si sono riprodotti ed evoluti. E vogliono rapirci i figli. Senza che noi genitori si disponga di un manuale, di un antidoto, di un vaccino per respingerli, o almeno per somministrarli a piccole dosi.»

Riscriverei queste parole una per una. Ovviamente, Rossana, il gioco che consiste nel comporre uno zoo curando e sfamando i cuccioli era quello che facevi tu da piccola.

Quando ho pubblicato queste righe su «Iodonna», in poche ore sono arrivati al sito 400 messaggi, tuttora presenti, indelebili. Cinque erano di mamme che condividevano la mia preoccupazione. Cinque erano di videogamer che mi insultavano augurandomi di morire presto ma non in fretta bensì tra atroci tormenti, però motivavano la loro maledizione, più o meno così: i videogiochi non sono più quelli dei tuoi tempi, maledetto schifoso ignorante; ora sono interattivi, decide il giocatore come vanno a finire, quindi sono più creativi del migliore dei film, che finisce come ha deciso il regista. (Non è vero, ci sono grandi film dal finale aperto, ma capisco le motivazioni.) Gli altri 390 si limitavano a insultarmi, augurandomi di morire presto ma non in fretta bensì tra atroci tormenti.

I messaggi sono tutti scritti da uomini. Nessuno di loro aveva letto «Iodonna». Infatti non commentano l'articolo, ma il post che qualche guardiano protettore dei videogame ha messo in rete. Alcuni hanno nomi immaginifici: Orco, Ruggine, Minkia, Il Censore – che a dispetto del nome dice a me che sono «vecchio dentro» –, Il Gobb e pure un definitivo «L'Uomo». Qualcuno si è dato il nome dell'eroe del videogame preferito. Qualcuno mette la foto dell'eroe del videogame preferito. Molti hanno un tono di odio e di livore che mi ha impressionato. Da tossicodipendente che vomitando fiele maledice la mano che gli toglie il metadone.

Non ce l'ho con loro. Sono uomini che si sono sentiti colpiti in una loro passione; e le passioni, come diceva un grande scrittore, Carlo Fruttero, vanno condonate tutte. Ma qui le passioni vengono alimentate in modo malizioso da giochi concepiti per creare dipendenza: ogni tanto qualcuno viene proibito, ma ne viene messo sul mercato subito un altro, che richiama i ragazzini a giocare anche durante le pause: che fai, ti fermi? Non vuoi continuare?

Io vorrei solo che voi, ragazzi, foste consapevoli che la vita vera è un'altra cosa. E che la vita parallela che tanti della vostra generazione vivono in rete, nelle chat, nei videogame, è un gioco ingannevole che alla lunga si ritorcerà contro di voi, e vi imporrà tutto insieme un prezzo altissimo da pagare. Perché il confine tra la passione e la mania, tra la distrazione e l'ossessione, è labile. E in molti l'hanno già oltrepassato. Senza neppure rendersene conto.

FRANCESCO

Papà, ma ti pare che paragoni i tossicodipendenti ai videogamer? Gente che soffre e gente che si diverte? Sono persone che non si possono accostare.

Lo so che, in forma molto diversa dalla droga, anche i videogiochi possono dare dipendenza. Ma il fatto che qualcosa non piaccia a te non significa che non possa piacere ad altri.

Non puoi giudicare una cosa che non capisci, che nemmeno conosci, almeno fai uno sforzo: informati, approfondisci, sii curioso; dopotutto è il tuo mestiere.

Molti videogame in effetti sono un po' sciocchi. Ma tanti affinano l'intelligenza, si basano sulla strategia, fanno lavorare il cervello, allenano i riflessi. E non lo dico tanto per dire: Rafa Nadal, uno dei più grandi tennisti di sempre, ha scaricato sul cellulare un gioco che usa per esercitare la rapidità mentale.

In famiglia sono soprattutto io a giocarci. E lo faccio semplicemente perché mi diverte. Può accadere che per altri ragazzi diventi più di un passatempo. Alcuni si immedesimano troppo nel personaggio principale, nell'eroe. Questo vale ancora di più per i giochi di ruolo, dove siamo noi stessi a creare il nostro avatar, che diventa una specie di super-io, privo dei nostri difetti e dotato di capacità fantastiche. È una cosa affascinante, che in effetti può anche diventare pericolosa, quando si comincia a confondere la vita virtuale con quella reale.

Ma non credere che ai videogame giochiamo da soli; i videogame creano una comunità. Ci hai raccontato le serate insulse di quando eri ragazzo, negli anni Ottanta, e vi trovavate per vedere la tv, magari il Festival di Sanremo. A noi capita di trovarci per giocare alla playstation, e ti assicuro che sono serate più creative delle vostre.

I videogiochi coltivano la fantasia, mica la distruggono. Alcuni nascono da saghe letterarie, altri invece hanno dato vita a film e serie tv: «Angry Birds», «Assassin's Creed».

I videogiochi non annullano la comunicazione; consentono di comunicare a persone che altrimenti avrebbero difficoltà a farlo.

Lo dice anche Mark Zuckerberg di Facebook: lasciate che i bambini giochino con i videogame, è così che si diventa ingegnere; così almeno ha cominciato lui. Un giorno che sua sorella non voleva giocare a palle di neve (a Rossana invece è sempre piaciuto moltissimo), Mark creò un videogame con una terribile battaglia a palle di neve. Ora invece gioca a «Civilization», dove l'obiettivo è costruire e comandare; forse vuole diventare padrone del mondo.

Ormai i videogame sono una cosa seria: saranno anche nel programma ufficiale dei Giochi olimpici del 2020. Non a caso, a Tokyo, in Giappone.

Capisco cosa vuoi dire. E poi in fondo è colpa anche nostra, di noi genitori, che troviamo comodo affidare fin da piccoli i figli ai videogame. E invece dovremmo farci piccoli anche noi, piegarci sul solco, capire che cose che a noi sembrano trascurabili per i piccoli sono importantissime. E poi per ogni bambino che non leva gli occhi dal cellulare e dal videogioco, ci sono adulti che sanno fare appunto solo discorsi da grandi, che non riescono e a volte neppure si sforzano di parlare con i figli, e magari stanno a loro volta sempre curvi sui cellulari. Se non sulla playstation.

V

Bulli e vittime dei social

Comunque, sciocchezze ne abbiamo fatte tutti. Però restavano chiuse nelle mura di una casa o di una classe. Ora finiscono ovunque. E a volte una stupidaggine genera una tragedia.

Non mi riferisco solo ai casi limite. L'assassino dell'Ohio che annuncia su Facebook di voler uccidere il primo uomo che incontrerà, filma il delitto e lo mette online, dove milioni di sciacalli si precipitano a vederlo. La ragazza di Napoli che incautamente gira un video mentre fa l'amore, e finisce prigioniera di una rete di vanità maschili e di voyeurismo, da cui trova una via d'uscita soltanto con il suicidio.

Sono storie finite sui quotidiani, ben note a tutti. Ma pensate a quante sopraffazioni, quante umiliazioni, quante sofferenze genera ogni giorno la rete, o meglio la cattiveria umana attraverso la rete. Basta un'immagine ingenua sottratta a una ragazzina e divenuta virale – pensate che parola orribile: evoca virus, contagio, epidemia – a segnare una vita. La rete non è soltanto un amplificatore. Seduce, istiga, rovina. Perché il potere immenso che ha accumulato la rende padrona di molte anime, signora di molte esistenze.

Ricordate la mania di «Pokemon Go»? Per fortuna è durata una sola estate. Mandrie di giocatori a capo chino a Central Park, e da lì come per malìa in tutto il mondo; a Tokyo hanno dovuto dipingere le indicazioni stradali per terra, nel tentativo di salvare la vita ai più distratti.

Forse vi è sfuggita la storia della Blue Whale, la Balena Blu.

È una vicenda che ha ricostruito – sia pure in modo controverso – una delle poche trasmissioni tv seguite dai ragazzi, «Le Iene». Gli inventori del gioco, i tutor, scelgono adolescenti tra i dieci e i diciassette anni. L'esca è un hashtag su Facebook. Li fanno sentire importanti. Complici. Grandi. Ogni giorno, per cinquanta giorni, avranno una missione da eseguire di nascosto dai genitori.

Prima devono incidersi sulla mano «F57», scattarsi una foto e inviarla al tutor. Poi arrivano altre disposizioni: svegliati alle 4 del mattino, guarda un film horror, infliggiti un grande dolore. I ragazzi cominciano a tracciarsi disegni di balene sulle mani, sulle braccia, sulle gambe. Il riferimento è alla balena blu, che decide di suicidarsi spiaggiandosi.

Il decimo giorno arriva l'ordine di salire sui palazzi più alti della propria città e fotografarsi.

Il ventiseiesimo giorno arriva il messaggio: «Il vostro tutor vi dirà la data della vostra morte e voi dovrete accettarla». La morte è il massimo livello del gioco. Ovviamente, bisogna buttarsi dal tetto del palazzo: qualcuno riprenderà il gesto di coraggio e lo consegnerà all'immortalità della rete.

Pare che il gioco sia nato in Russia, e sia costato già decine di vite. Da lì è giunto in Europa. A Livorno il suicidio di un quindicenne è stato accostato alla Balena Blu. Poi se n'è parlato a proposito di ragazzi di Agrigento, Pescara, Firenze, Ravenna, Trento. E qui entriamo in un labirinto di suggestioni. La rete genera miti, e il mito più grande è la rete stessa, e la sua onnipotenza. Un pericolo reale viene enfatizzato per la ricerca compiaciuta dello scandalo. O per uno scherzo stupido. Un diciottenne ha annunciato di essere giunto al cinquantesimo giorno; poche ore dopo la polizia postale è andata a casa sua e lui ha confessato: si era inventato tutto.

Nelle pieghe dei social si infilano gli imbroglioni e i predatori. I profili falsi. Le truffe digitali. Il furto di identità. Gli spacciatori di droga, che usano il simbolo del cuore per offrire l'ecstasy e quello del siluro per indicarne la potenza. O anche solo i produttori di borse e vestiti contraffatti, che ti vendono false Vuitton a prezzi stracciati: si paga online e si riceve a casa il giorno dopo. Ma il mito del web genera pericoli ben più gravi. Le baby-prostitute dei Parioli avevano cominciato digitando su un motore di ricerca «come fare soldi», e sono finite nelle mani di sfruttatori e clienti.

E la polizia? Come si scriveva un tempo, è impotente. Brancola nel buio. Sapete quanti agenti ha a Roma la polizia postale, per «spazzare il web», come si dice in gergo? Quindici. Cosa possono fare?

Il direttore è una donna, Nunzia Ciardi. Ha spiegato alla mia collega Fiorenza Sarzanini il suo metodo: inserendo alcune parole-chiave, i suoi uomini tentano di tenere sotto controllo i social e cogliere i segnali d'allarme. Altri gruppi sono al lavoro in altre città italiane. Scoprono ricatti online, truffe, estorsioni di tipo sessuale, all'origine di molti suicidi. Vigilano sui virus, come Wannacry, in italiano Vogliopiangere, che nella primavera 2017 ha mandato in crisi interi Paesi: gli attacchi cibernetici sono la nuova frontiera del terrorismo. Ma è come ripararsi da una cascata con un ombrellino.

Anche la mania della Balena Blu passerà. Scacciata dalla successiva. In questi anni l'emulazione ha spinto ragazzi a gettarsi da un balcone all'altro, a schiantarsi in macchina, a ubriacarsi sino all'estremo; e a rendere tutto pubblico, a fare spettacolo della loro fragilità, talvolta della loro morte.

In America un'adolescente di 17 anni, Michelle Carter, è stata processata per aver indotto al suicidio il fidanzato diciottenne Conrad. Lui si è chiuso nel suo pick-up e ha lasciato che si riempisse di ossido di carbonio. Poi ha esitato, ha aperto la portiera, è uscito. Lei l'ha convinto a rientrare dentro, l'ha incoraggiato, ha ascoltato il suo pianto. L'ha sentito morire.

Ha aiutato un'anima fragile ad andarsene, sostiene la difesa. L'ha ucciso per sentirsi importante e farsi compatire dagli amici, risponde l'accusa. In realtà, è un processo molto difficile. Perché non era mai successo nulla del genere.

La rete crea dipendenza, senza commettere reati, per carità. È lo stesso incruento meccanismo su cui si basano le serie tv: ogni episodio avvince eppure lascia insoddisfatti, e ti induce a guardare quello successivo. Il ritmo non è quasi mai frenetico; è ipnotico. Si individuano tre o quattro storie parallele, si passa da una all'altra, ondeggiando come serpenti a sonagli, e si ha cura di lasciarle tutte interrotte. Come fai a fermarti?

Resta lo schema per cui i pochi dirigono i molti; non con l'oppressione, ma con la persuasione.

Resta l'egemonia culturale, spirituale della rete. Il Grande Fratello non era Stalin. Non era il comunismo e neppure il nazismo. Non era la censura, non aveva il volto ripugnante del totalitarismo e della schiavitù. Era, è una cosa che si presenta come un gigantesco dono offerto all'umanità. Un regalo che rende liberi, che dà tutto e non chiede in cambio nulla. Almeno all'apparenza.

FRANCESCO & ROSSANA

«Ci sono zebre che starebbero anche in gabbia pur di passare per cavalli bianchi.» Sai chi l'ha scritto? Un polacco, Stanisław Jerzy Lec, nel 1957: non c'erano ancora i computer, e in quasi tutte le case neppure la tv.

Questo per dirti che il rischio di omologarsi, di farsi influenzare dagli altri, c'è sempre stato, non comincia certo con i social network.

I social sono un cambiamento straordinario. Ti mettono in contatto con persone che avevi perduto o che non pensavi di poter mai incontrare. Ti fa arrivare moltissime informazioni, e ti consente di condividerle e commentarle con i tuoi amici, che così diventano un gruppo.

La Marcia delle Donne a Washington, che ha coinvolto molte più persone di quelle che festeggiavano l'insediamento di Trump, è stata organizzata su Facebook. Michelle Obama usa Snapchat per la sua campagna «Let girls learn», che fa studiare le ragazze dei Paesi poveri che non potrebbero permetterselo. Quelle che avete chiamato «primavere arabe» sono nate anche su Twitter.

Certo alcune notizie sono false o interessate; ma non devi sottovalutare i filtri critici che il gruppo possiede. Chi ha detto che non sappiamo nulla e crediamo a tutto, non ci conosce. È uno che pensa che la storia finisca e cominci con lui, e dopo ci siano soltanto degli stupidi.

Diciamo piuttosto che sui social ognuno vede quel che tu appari, pochi sentono quel che tu sei. Il bisogno di essere appariscenti finisce per farci assomigliare tutti l'uno all'altro. Non solo le serie tv e i videogame; la palestra, il pilates, il sushi, i loghi, le app, gli «all you can eat», il Barcellona, Messi. Tutti tendono a guardare le stesse cose, mangiare allo stesso modo, pensare in modo conforme a quello degli altri.

Tu papà dici che i social alimentano il narcisismo; ma l'uomo ama tanto se stesso anche per paura che gli altri non lo amino abbastanza. Da qui nasce il desiderio di mettersi in mostra, non tanto su Facebook e Twitter di cui parlate soprattutto voi adulti, quanto su Instagram e Snapchat. Poi sta a noi distinguere le cose importanti che si possono trovare in rete dalle cose futili, le cose innocue da quelle pericolose.

Tu parli di «Pokemon Go» come se fosse l'incantesimo di un mago cattivo, in realtà è stato un momento di socialità per moltissime persone, tra cui tante che di vita sociale non ne avevano mai fatta: come Adam Barkworth, un ragazzo autistico di Manchester, che grazie a «Pokemon Go» è uscito di casa per la prima volta in vita sua, e ha giocato con altri bambini. Lo stesso è accaduto a ragazzi con la sindrome di Asperger, che li induce a chiudersi in stanza senza interagire con gli altri.

La Balena Blu è un fenomeno orribile, non c'è dubbio. Ma la prima a denunciarlo non è stata la tv, è stata la rete. Non l'abbiamo scoperta dalle «Iene», ma da una serie di post in inglese che piangevano le vittime e avvertivano di non cadere nella trappola.

Ragazzi, vi credo. Anche se non mitizzerei la possibilità di ritrovare i vecchi amici: se li avevate persi di vista, una ragione ci sarà stata, no?

In effetti i social hanno contribuito ad accendere la rivolta contro Mubarak al Cairo, e anche contro gli ayatollah a Teheran, e contro Erdogan a Istanbul: Paesi dove l'opposizione non può organizzarsi liberamente, ma può incontrarsi in rete.

Vi assicuro però che per altri versi i social sono sfuggiti di mano ai loro stessi creatori.

Facebook non riesce a filtrare tutto. Anzi, non riesce a filtrare quasi nulla.

Non sempre blocca il «revenge porn», le immagini intime postate dagli ex per vendicarsi della persona che li ha lasciati; e quasi sempre, come potete immaginare, sono uomini che si vendicano delle donne.

La mole di lavoro per i moderatori è tale che devono decidere in dieci secondi cosa pubblicare e cosa no. E ovviamente devono dare la precedenza ai potenti, non a noi mortali. «Qualcuno spari a Donald Trump» è da cancellare, subito; e non solo perché il presidente degli Stati Uniti ha più di 100 mila follower, quindi è una personalità pubblica e deve essere tutelata, come prevede il codice di Facebook rivelato dal miglior sito di informazione al mondo, quello del «Guardian» di Londra.

A volte si commettono eccessi di zelo: come quando si eliminò la storica foto del bombardamento di My Lai, in Vietnam; quella della bambina che corre nuda bruciata dal napalm. Era una bambina, ed era nuda: per questo la foto è stata rimossa. Ma era la più celebre immagine di guerra della seconda metà del Novecento, oltre alla testimonianza di un crimine americano, denunciato all'epoca da un fotografo e da un giornale americani; che è poi il motivo per cui la democrazia è più forte della dittatura. Almeno fino a quando non hanno inventato Internet.

Ora Facebook ha diramato nuove direttive: «I video di morti violente sono choccanti, ma possono contribuire a creare coscienza collettiva, come nel caso dei crimini di guerra. I minori devono essere difesi, ma gli adulti devono poter scegliere. Quindi si usi la dizione "vietato ai minori" senza automaticamente cancellare». Come se non fosse il miglior modo per indurre i minori ad andare a vedere; e non c'è nulla di più facile che saltare una barriera virtuale.

Da queste regole, magari anche di buon senso, derivano a volte conseguenze assurde. Ad esempio si possono diffondere immagini di aborti, ovviamente al fine di spaventare e condizionare le donne; purché non si vedano nudità.

Per gli insulti invece la tolleranza è massima. Simpatici inviti tipo «vaffanculo» e «muori» ricevono il bollino blu perché «rappresentano minacce generiche e non credibili». E l'uomo che in Thailandia ha diffuso il video in cui uccide il figlio? Facebook ha precisato che dispone di software per intercettare video proibiti prima che entrino nel circuito; ma ha aggiunto che la gente deve pur avere gli strumenti per «discutere gli avvenimenti attuali e globali». È giusto discutere di un padre che uccide il figlio? Per decidere devono bastare dieci secondi.

FRANCESCO & ROSSANA

Papà, ma le dittature Internet lo censurano. E i cellulari li usano per individuare gli oppositori, o anche soltanto quelli che non obbediscono alla morale del regime, come gli omosessuali.

In Russia hanno arrestato un ragazzo, e nel telefonino gli hanno trovato fotografie di uomini nudi. Hanno verificato tutti i suoi contatti, sono andati a cercarli, e ogni volta che scoprivano o credevano di aver scoperto un omosessuale lo mandavano in campo di prigionia. Ma chi è stato a rivelare questa storia di oppressione? La rete.

Su Internet ci sono campagne che denunciano le ingiustizie e le persecuzioni subite dalla comunità LGBT+ – lesbiche, gay, bisessuali, transessuali e altri –, oppure forniscono loro informazioni e sostegno. L'anonimato a volte protegge i vigliacchi; altre volte difende i fragili. Tanti ragazzi che non avrebbero mai il coraggio di uscire allo scoperto trovano in rete e nel telefonino la solidarietà di altri coetanei come loro. Scoprono così di non essere soli.

E poi un conto sono le violenze compiaciute, fini a se stesse, un altro conto sono le immagini terribili ma che è bene si vedano; ad esempio quelle dei gulag e dei lager.

Su questo sono d'accordo con voi. È bene che si sappia quello di cui sono stati capaci i regimi comunisti e nazifascisti. È bene che si sappia della Shoah, e se ne vedano le immagini. Su Facebook ad esempio si può fare, «purché non mostrino nudità infantili».

Ma la rete è molto più ampia di qualsiasi social. Pensate quanto spazio ha saputo ricavarsi l'Isis. Non soltanto lo Stato islamico regalava agli abitanti delle città conquistate il telefonino, come arma di persuasione. Mentre l'Occidente armava i valorosi curdi, lanciava gli sciiti iracheni alla riconquista di Mosul, annunciava l'imminente caduta di Raqqa, l'Isis entrava nelle nostre case. I governi si occupano di città in cui nessuno di noi è mai stato, di località remote che nessuno ha mai sentito nominare; e non si accorgono di quanto la propaganda del terrore sia vicina.

Provate a guardare un video dei reclutatori del terrorismo islamico: bandiere nere, musiche evocative;

immagini di severità e di potenza. Pensate a un giovane sradicato o senza radici, dall'identità a brandelli, in guerra con il mondo in cui è cresciuto: non necessariamente una periferia povera, magari un college in cui vigono valori diversi da quelli che sente familiari. Quel giovane riconoscerà in quei video la forza di una comunità che va oltre la sua persona. Si sentirà parte di un destino collettivo, che trascende gli individui.

Ricorderò sempre quel che mi ha detto il rettore della moschea di Courcouronnes, la banlieue di Parigi dove è cresciuto Ismail Mostefai, uno degli assassini del Bataclan, riconosciuto da un frammento dell'indice sinistro: «L'imam più pericoloso non è il predicatore che ringhia minacce in un garage davanti ai suoi seguaci. L'imam più pericoloso è Google».

FRANCESCO & ROSSANA

Papà, in Cina Google non esiste, almeno non come lo conosciamo noi. Ad esempio alcune ricerche sono impossibili: «Tienanmen 1989» e «4 giugno», il luogo e il giorno della strage degli studenti. Così i siti e i blog che ne parlano hanno scelto come parola-chiave una data impossibile e inesistente: il 35 maggio. Ogni tanto qualche blogger finisce in carcere. In Cina neppure i social funzionano, tranne una versione autarchica di Facebook, controllata dal regime. Hanno censurato persino Winnie the Pooh, perché qualcuno aveva accostato le sue forme rotondette a quelle del presidente Xi. Eppure la rete finirà per dimostrarsi più forte della censura.

I fondamentalisti islamici reclutano su Internet, è vero. Ma anche loro sono una goccia nel mare. Su Internet i ragazzi scoprono la comunità di Sant'Egidio, Save the Children, ActionAid, Medici senza frontiere: organizzazioni che salvano molte più vite di quante il terrorismo possa mai spegnere.

E poi tu hai un'immagine caricaturale della nostra generazione. Sai ad esempio quali sono le serie tv più seguite da noi? Quelle a sfondo storico, o basate sull'attualità, o ispirate a vecchie saghe letterarie. «Marco Polo», «Pablo Escobar», «Sherlock Holmes». Ed era bellissima la prima stagione di «Da Vinci's Demons», con Lorenzo il Magnifico e il duca da Montefeltro dal naso adunco mutilato da una palla di fucile, come nel ritratto di Piero della Francesca che abbiamo visto agli Uffizi.

Non è vero che la storia e l'attualità non ci interessano. Le troviamo nello smartphone, molto più facilmente che in tv o nei giornali o sui libri, come si faceva ai tuoi tempi.

VI
Gutenberg era Marzullo al confronto

Lo so che nello smartphone c'è tutto. Almeno, tutto quello che vogliono farvi trovare. Ma c'è davvero quello che cercate? Soprattutto, sapete dove e come cercarlo?

La svolta per l'umanità e il suo modo di comunicare è considerata l'invenzione della stampa: 1445. Ma la rivoluzione digitale è più importante di quella di Gutenberg.

Certo, grazie a Gutenberg scrivere e leggere divenne più facile; ma rimase pur sempre patrimonio di un'élite, in un mondo di analfabeti. Certo, venne tradotta e diffusa la Bibbia in tedesco, aprendo le porte alla Riforma protestante; ma era pur sempre la Bibbia.

I libri si moltiplicarono; ma erano pur sempre gli stessi libri. Platone continuava a essere Platone, i versi di Dante restavano i versi di Dante.

La rivoluzione digitale fagocita i libri e li distrugge.

Non fate ironia sulle mie lettrici: sono affezionatissimo a loro, la cosa più bella del mio mestiere è incontrarle alla fine della presentazione dei libri. Temo però che i saggi a lungo andare siano condannati a estinguersi, tranne qualche caso isolato ogni tanto; ora c'è Wikipedia a raccontare tutto quel che c'è da sapere, almeno all'apparenza.

È vero che i romanzi sembrano resistere. In realtà il genere è in profonda crisi, con l'eccezione dei gialli e dei fantasy. Gli altri sono saggi truccati da romanzi: racconti di cose vere (a volte copiate), presentati come narrativa.

I giornali, che avevano retto bene alla tv e ai tg, stanno vivendo una crisi terribile a causa della rete, che non soltanto li batte sul tempo ma li delegittima additandoli come complici del potere; salvo cibarsi degli articoli prodotti dai deprecati giornalisti, o costringerli a una mole di lavoro enorme per aggiornare di continuo siti che si vorrebbero sempre gratuiti.

I libri reggono un po' meglio, per il semplice fatto che l'e-book non è mai decollato. Leggere del resto è impegnativo. Richiede tempo, concentrazione, amore. Sull'i-Pad o sull'i-Phone si fa altro, saltando freneticamente da una chat a un video, da una foto a una faccina.

La graduale distruzione della carta avrà conseguenze catastrofiche. Costruiremo giganteschi archivi digitali destinati ad andare deserti, a non essere visitati da nessuno. Perché nella rete il passato non esiste; si vive in un eterno presente, dove la seconda guerra mondiale è remota come la seconda guerra punica, non ci interessa e non ci riguarda.

Volete una prova? Alla vigilia del 25 aprile 2015 mi sono trovato davanti a trecento ragazzi dell'ultimo anno dei licei, in una città medaglia d'oro della Resistenza (vi dico solo che non è Alba). Erano i settant'anni della Liberazione. Tutti sapevano che alla maturità ci sarebbe stato un tema sull'argomento (scelto solo dal 2,5 per cento degli studenti).

Conoscete la mia idea della Resistenza: è patrimonio della nazione, non di una fazione; non fu fatta solo dai partiti, ma dai civili, dalle donne, dagli ebrei, da personaggi insospettabili. Ad esempio nel carcere di San Vittore c'erano, prigionieri dei nazisti, Mike Bongiorno e Indro Montanelli. Di fronte a questi nomi – due tra gli italiani più famosi del secolo scorso – i vostri coetanei hanno fatto la faccia dello stupore. Ho chiesto:

«Chi di voi sa chi è Mike Bongiorno?»

Uno su trecento ha alzato la mano:

«Un comico!»

Risposta sbagliata. Un altro l'ha corretto:

«Un presentatore televisivo!»

Riduttivo, ma esatto. Poi ho domandato:

«Chi di voi sa chi è Indro Montanelli?»

Uno su trecento ha risposto:

«Il fondatore del "Giornale".»

Poi ho parlato delle Fosse Ardeatine. Mi guardavano ancora più stupefatti. Ho chiesto:

«Chi di voi sa cos'è successo alle Fosse Ardeatine?»

Nessuno ha alzato la mano. Non uno, su trecento.

Al che ho pensato: da quanto tempo io so cos'è successo alle Fosse Ardeatine? Da sempre. E senza alcun merito. Mio nonno Aldo, vostro bisnonno, che non era uno storico ma un macellaio, mi parlava per ore della sua giovinezza grande e terribile: Stalin, Hitler, Mussolini; e le Fosse Ardeatine. (Purtroppo voi non l'avete mai conosciuto, ma potete esserne orgogliosi: aveva iniziato a lavorare come garzone a dodici anni ed era un uomo finissimo, amava la poesia e leggeva il giornale tutti i giorni, dalla prima all'ultima pagina. Francesco, quando sei nato avevi ancora due bisnonne, Rosina e Maria: se ne sono andate in pochi mesi, ma hanno fatto in tempo a tenerti in braccio. Nella loro lunga vita hanno visto cambiare il mondo, ma nessuna ha mai posseduto un cellulare.)

È una storia che si racconta in pochi secondi. Una bomba esplode nel centro di Roma, uccidendo 33 tedeschi (o meglio sudtirolesi); ogni tedesco, dieci italiani: 335 prigionieri, cinque in più per errore o per zelo, vengono uccisi con un colpo alla nuca nelle cave sulla via Ardeatine: le Fosse Ardeatine. Uno di loro, Orlando

Orlandi Posti, Lallo, aveva appena compiuto 18 anni, in tasca gli trovarono il foglio della battaglia navale con cui aveva passato il tempo nella cella di via Tasso.

Quegli studenti suoi coetanei che non l'avevano mai sentito nominare non sono responsabili di nulla; tranne di non aver mai parlato con i loro nonni, almeno non di questa storia. Né hanno trovato due minuti, quando hanno sentito che Sergio Mattarella subito dopo la sua elezione era andato alle Fosse Ardeatine, per digitare quel nome strano su Google.

Anche per questa cancellazione della memoria, per questa egemonia dell'ignoranza, sulla rete i neofascisti e i neonazisti vanno fortissimo. Purtroppo si è scoperto che inneggiavano a Hitler pure i due poliziotti che nei giorni del Natale 2016 affrontarono a Sesto San Giovanni Anis Amri, il terrorista islamico che aveva fatto strage al mercatino di Berlino, uccidendo 12 persone tra cui una giovane donna abruzzese, Fabrizia Di Lorenzo. Ora, io sono convinto che quei poliziotti non siano soltanto bravi agenti; sono anche brave persone. Altrimenti non avrebbero messo a rischio le loro stesse vite – uno è stato ferito in modo serio – per salvarne altre. Ma anche due uomini coraggiosi possono restare incantati dalle sirene malvagie della rete.

FRANCESCO & ROSSANA
Neanche noi sapevamo la storia di Lallo, che ci inorgoglisce e ci commuove.

Ma l'episodio dei liceali che non avevano mai sentito nominare le Fosse Ardeatine è appunto un episodio.

La cultura digitale non è un muro che ci impedisce di guardare al passato, è una strada per integrarlo e renderlo contemporaneo. Adesso tutti si possono informare sugli avvenimenti storici o sui fatti di attualità, anche senza comprare un giornale: questo può essere un problema per i giornalisti, e ci dispiace; ma per noi non lo è.

Internet e la rete non solo ci proiettano nel domani, ma guardano anche a quel che è accaduto prima. Lo sappiamo che per migliorare il nostro futuro dobbiamo conoscere la nostra storia, ma ormai per scoprirla non sono più necessari i libri, che non tutti hanno a casa o possono comprare; bastano pochi istanti e una connessione Internet. Adesso viviamo in un mondo dinamico in continuo movimento e questa informazione istantanea si adatta a noi, riduce i tempi, si muove al nostro ritmo.

Vuoi un esempio? «Edicola Fiore» è una trasmissione ambientata appunto in un'edicola, e costruita con i giornali: due cose che, tu dici, stanno morendo. Fiorello le ha modernizzate e rese più interessanti per un pubblico giovane, anche se non legge i giornali dalla prima all'ultima pagina come faceva tuo nonno. Sceglie il brano che trasmette subito il senso dell'articolo. Legge una frase di Hillary e una di Trump sullo stesso argomento, e ti fa capire al volo la differenza. Trova il lato ironico di ogni cosa: quando Renzi racconta in un'intervista quali poster aveva in stanza, lo chiama e lo fa parlare non di Baggio o dei Duran Duran, ma di Samantha Fox («una cantante di grande personalità...»).

Fiorello fa una trasmissione televisiva, ma l'ha adeguata alla rete: gioca con i personaggi e li fa partecipare in modi nuovi, non soltanto di persona ma via Skype, o tramite un i-Pad. Forse è questo il modo di comunicare del futuro. Invece di criticarlo, voi giornalisti fareste meglio ad attrezzarvi.

Sono d'accordo con voi: Fiorello è un fuoriclasse. Unico. Per questo è difficile prenderlo a modello.

Mi piace quando dite che il mondo del web si muove al vostro ritmo. Ma ne siete proprio sicuri? O siete voi che vi muovete al ritmo del web?

So bene che Internet offre miliardi di informazioni. Ma bisogna sapere dove trovarle. Soprattutto, bisogna avere strumenti per capirle. Basi su cui costruire.

In effetti non sarebbe bastato digitare «Fosse Ardeatine» su Google per comprendere davvero cosa accadde alle porte di Roma il 24 marzo 1944; si deve sapere che c'era stato il nazismo, il fascismo, e prima ancora la Grande Guerra. Serve la scuola. Serve un maestro.

C'è una sola cosa peggiore che non avere un maestro; è rifiutarlo. C'è una sola cosa peggiore dell'ignoranza; è l'elogio dell'ignoranza.

Non pensiate che la mia generazione sapesse tutto. Semplicemente, quel poco che sapevamo aveva un ordine, un codice, una gerarchia. Componeva un sistema di valori, magari desueti, a volte retorici, ma che non è stato inutile nella vita a venire.

Il nostro sapere forse era già vecchio allora. Le scienze ad esempio non erano considerate importanti come giustamente sono considerate adesso. Ci sentivamo ignoranti. Ma ce ne vergognavamo.

Ricordo l'attesa dell'interrogazione all'esame di maturità. In storia eravamo arrivati all'assassinio di

Kennedy; quanto era accaduto dopo ci restava oscuro. Io ad esempio ero ossessionato dal timore che mi chiedessero del golpe di Pinochet. Certo, sapevamo che si scriveva tutto attaccato e non Pino Chet, a differenza della senatrice grillina Sara Paglini; e sapevamo che era accaduto in Cile, non in Venezuela come sostiene l'aspirante premier Di Maio (se è per questo, ho sentito Renzi confondere Papa Montini con Roncalli). Ripeto: eravamo ignoranti; molto più di voi, in tanti campi. Ma non ci vantavamo di esserlo.

Mi ha colpito, nell'estate 2013, la lettera di una studentessa a «Repubblica». Alla maturità era uscito un tema con una frase di Claudio Magris, lo scrittore italiano più apprezzato all'estero, da anni candidato al Premio Nobel per la letteratura. Ma lei non l'aveva mai sentito nominare. E scriveva a un quotidiano per inveire contro il ministero che aveva scelto uno sconosciuto. Non soltanto confessava la propria ignoranza; la rivendicava, la gridava al mondo, deprecando il fatto che l'ignoranza non fosse universale, e qualcuno all'evidenza sapesse chi diavolo è Claudio Magris. E notate che ci vuole molto più tempo a scrivere a un quotidiano che a digitare su Google «Claudio Magris». (Non vi dico cos'è successo quando alla maturità 2017 il tema di letteratura citava una poesia di Giorgio Caproni.)

L'ignoranza non è un male in sé; anzi, la rivoluzione scientifica di Copernico, Newton e Galileo comincia quando l'uomo capisce di essere ignorante, quando finalmente impara la lezione di Socrate, e dice: io so di non sapere. Allora l'uomo realizza che le cose di cui era convinto da sempre sono false – la terra ad esempio non è al centro dell'universo –, e comincia a studiare e sperimentare. La consapevolezza dell'ignoranza è l'inizio della ricerca della conoscenza. La scienza e il metodo scientifico sono nati così. Ma se non sai di essere ignorante, e non ti importa di esserlo, allora ti si spalanca davanti la prateria della credulità, dove un'élite pedante e invisa di esperti che hanno studiato predicano nel deserto. Allora tutti, anche voi ragazzi, ne sareste travolti.

Stiamo costruendo un mondo sottosopra, in cui Trump viene eletto presidente sostenendo che il clima sulla terra non sta cambiando e non c'è ragione di preoccuparsi, e viene sostenuto da elettori che non aspettavano altro. O in cui un comico affina per dieci anni nei teatri la tecnica di dire alla gente quel che vuol sentirsi dire, alimentandone la giusta rabbia, e fonda così il primo partito italiano.

FRANCESCO & ROSSANA

Papà, non ha proprio senso dire che la rete ci chiude la mente, ci toglie la possibilità di pensare, quando è l'esatto contrario.

Su Internet siamo esposti di continuo a tantissimi stimoli; forse anche troppi, tanto che a volte fatichiamo a focalizzarci su uno specifico; ma in ogni caso l'essere connessi ci offre infiniti spunti di riflessione. E questo non nasce dalla solitudine, al contrario parte dal continuo dialogo con gli altri, con cui possiamo condividere opinioni e interessi.

Per quanto la cultura su Internet si diffonda in modo frammentato – magari solo attraverso citazioni di personaggi storici, immagini celebri fuori contesto o frasi tratte da libri –, basta poco per accendere una scintilla nella testa di un adolescente. E allora, sempre grazie alla rete, è facile informarsi e magari scoprire una nuova passione. Quindi quei «post», termine che tu usi con disprezzo, quasi fosse una parolaccia, alla fine servono a qualcosa.

È proprio questa la ragione per cui i ragazzi non hanno assolutamente smesso di leggere i classici, anzi, su Tumblr (se non sai cos'è cercalo su Google) ci sono centinaia di blog dedicati a Jane Austen, mentre Oscar Wilde è una sorta di eroe, e si rivendica che l'inventore della fantascienza non è Jules Verne ma Mary Shelley, che creò Frankenstein.

E la cosa più bella è vedere in che modo i ragazzi parlano di questi libri, ritrovando se stessi nei personaggi, prendendoli anche in giro e scherzandoci su, relazionandosi con le loro storie come se fossero state scritte la settimana prima e non secoli fa. Così Elizabeth e Darcy, i protagonisti di *Orgoglio e pregiudizio* – che secondo noi tu non hai mai letto –, diventano protagonisti anche della discussione in rete. In questo modo i grandi romanzi non muoiono, ma viene loro data nuova vita.

In effetti non sapevo cosa fosse Tumblr, e non ho mai letto *Orgoglio e pregiudizio*, che nei tempi tenebrosi prima della rete non era considerato un libro da ragazzi. Però guardate che anche la nostra generazione e quelle precedenti si sono impadronite dei personaggi dei libri. Kammamuri era il nostro fedele maharatto, il ticchettio notturno degli orologi diventava il rumore della gamba di legno di Long John Silver, e ci siamo chiesti quale sapore avesse il babirussa (credo ottimo: quando gli eroi di Salgari arrostivano un babirussa erano particolarmente soddisfatti).

Diciamo che sul web voi mettete in comune il piacere di fantasticare, di vivere dentro i romanzi, di farne vivere i personaggi; che per noi era un'esperienza strettamente intima, privata, personale. Ma sempre sul web state. Mai all'opera, mai al cinema, mai a teatro.

A teatro il momento più bello è quando si spengono le luci e si resta al buio, in attesa che si apra il sipario. Ma ora è un buio punteggiato da luci moleste: sono gli schermi dei telefonini accesi.

FRANCESCO & ROSSANA

Appunto: sono i telefonini lasciati accesi dagli adulti.

Ma non è vero che i giovani non vanno a teatro. Ricordati la volta che vi abbiamo chiesto noi di portarci al teatro India a Roma, alla rappresentazione dell'*Aminta* di Tasso.

Hai presente la trama? Aminta è un pastore innamorato di una ninfa, Silvia, che lo respinge. Lui la salva da un fauno che vuole violentarla, lei neppure lo ringrazia e fugge nei boschi. Aminta trova un velo sporco di sangue, pensa che Silvia sia morta e, disperato, si getta in un burrone; ma un cespuglio attutisce la caduta, lui si salva e l'amore trionfa. È un'opera che piacque molto a Leopardi, che non a caso ribattezza Silvia la ragazza amata.

Questa storia vecchia di secoli è diventata modernissima a teatro, grazie ai video e alle tecnologie. Solo che non c'è il lieto fine, nessuno ferma la violenza del fauno, nessun cespuglio salva la vita ad Aminta. È una versione dolorosa ma forse più autentica.

Il pubblico era fatto di studenti, di giovani. I più vecchi eravate tu e mamma.

VII

Idoli del web

Francesco, c'è una cosa che mi viene più facile dire a te, ora che hai compiuto vent'anni. Tu e io abbiamo sempre avuto uno splendido rapporto, molto più aperto e libero di quello che ho avuto con mio padre, con cui il rapporto l'ho recuperato solo da adulto. Eppure ci sono cose di cui anche tu e io non abbiamo mai parlato; proprio come non ne parlavo con papà.

Forse è inevitabile: l'educazione amorosa, che riguarda sia i sentimenti sia il sesso, viene dalla vita, e dalle relazioni con i coetanei. Non dai genitori, tantomeno da Flaubert (anche se la sua *Educazione sentimentale* resta un capolavoro), ma dalle confidenze con gli amici, dalle prime esperienze con le ragazze. E, certo, dai film erotici. Che hanno iniziato a girare quando hanno inventato le videocassette, e noi eravamo già grandi. Prima, da ragazzi, avevamo i giornaletti. Ma bisognava procurarseli, e nasconderli, in un misto di eccitazione e di vergogna.

Adesso qualsiasi ragazzo, anzi qualsiasi bambino, può andare su YouPorn in qualsiasi momento. E l'educazione sentimentale e sessuale passa interamente da lì.

Questo crea una profonda stortura. Il sesso è visto come una cosa molto semplice, quasi banale; mentre è un universo complesso, da scoprire a poco a poco, e sempre in due. Imparando a rispettarsi, a comunicare, a capire cosa piace all'uno e all'altra. Senza pensare che la prosaicità al limite della brutalità che si trova in rete abbia qualcosa a che vedere con l'amore, o anche solo con il sesso.

FRANCESCO

Papà, è vero, di certe cose non parliamo con i genitori; tantomeno in pubblico. Posso dirti questo: il porno è un'ossessione per gli adulti più che per i giovani. I giovani fanno l'amore, con più libertà e consapevolezza di voi, quando avevate la nostra età. Del resto siete stati voi a fare un mito di Moana, a eleggere Cicciolina in Parlamento, e ora a trasformare in una star Rocco Siffredi.

Francesco, hai ragione. Anche se resto convinto che la questione esista. Ma in effetti i veri idoli del web sono altri. E sono roba vostra.

Mi colpiva vedere nella classifica dei libri più venduti l'opera di tale Favij, che non avevo mai sentito nominare. Così l'ho presa in mano e l'ho sfogliata. Non era un libro; era una serie di esclamazioni – Ciao raga! Che figata! Wow! – che occupavano ognuna una pagina.

Continuavo a non capire: chi compra un libro che non è un libro?

Poi una volta, di passaggio da Palermo, sono andato a trovare il mio caro amico Giuseppe Flaccovio. Figlio e nipote di editori e librai, ha chiuso la sua storica libreria nel centro di Palermo e l'ha riaperta in un centro commerciale, segno di resistenza e capacità di adattarsi ai tempi. Così ho visto duemila ragazzi comprare il libro di Favij e mettersi in fila per farselo firmare. E finalmente ho capito: non avevano comprato un libro; avevano comprato un autografo.

Lo so che viviamo in un'economia di mercato, e il successo non mi scandalizza; anzi, lo rispetto. Vedo che i video di Favij su YouTube arrivano quasi a cento milioni di visualizzazioni. Giuseppe e la sua collaboratrice Paola mi hanno raccontato che è un ragazzo molto simpatico, quasi spaventato dal suo successo, quasi incredulo di fronte all'impressionante folla che l'ha atteso per ore.

E non è mica il solo. Ce n'è una pletora. Il mio prediletto è CiccioGamer89, che dev'essere l'anno di nascita: è stato bullizzato da piccolo per la sua mole, adesso si è riscattato, bravo. Poi ci sono Matt&Bise che si riprendono mentre si fingono gay sulle scale mobili, i Pantellas che fanno dire alla nonna «ho tanti amici gay» (quella dei gay è un'autentica ossessione della rete, almeno in Italia), Luciano Spinelli pure lui bullizzato come CiccioGamer89, LaSabriGamer che narra «la mia vera storia con Sascha» (con la c), IlVostroCaroDexter alla ricerca «dei draghi fichi», Alberico De Giglio il bello della notte. E i Mates che sfidano Favij a calcetto: oltre nove milioni di visualizzazioni.

FRANCESCO

E c'è Gianluca Vacchi. Un signore della tua età. E c'è Sofia Viscardi, che hai intervistato per il «Corriere della Sera» e hai messo nel tuo libro sui 70 italiani che resteranno. Io ti avevo detto di non farlo. Tu non mi hai dato retta perché sei rimasto impressionato dai suoi due milioni di follower.

È vero, Francesco. Ma credo di aver fatto bene a intervistarla, perché di solito i giornali intervistano solo vecchi, o comunque persone mature. Credo che le parole di Sofia abbiano fatto capire meglio a noi padri e nonni chi sono i nostri figli e nipoti. Coloro che hanno un pubblico vanno sempre presi sul serio; a maggior ragione una diciottenne che ha due milioni di follower, cioè quasi tutti i suoi coetanei. Nella consapevolezza che, come ha scritto Giampiero Mughini, questi numeri non vogliono dire molto più di nulla; Giuseppe Ungaretti stampò la prima edizione del *Porto sepolto* in ottanta copie (una delle quali è nella biblioteca di Mughini, fanatico collezionista).

Sai come andò, vero? Ungaretti amava l'Italia, ma non c'era mai stato: era nato ad Alessandria d'Egitto, poi era andato a Parigi. Scoppia la Grande Guerra, e lui vuole andare a combattere; perché solo con l'uniforme italiana addosso si sente come nella culla di suo padre. Volontario, frequenta il corso ufficiali; ma non lo supera, viene giudicato «inadatto al comando»; e fa tutta la guerra da soldato semplice, accanto ai fanti diciottenni come mio nonno Lorenzo, tuo bisnonno, ragazzo del '99 che alla tua età era sull'Isonzo (ne morivano anche diecimila in un giorno. A loro sì che stavano rubando il futuro, altro che a voi).

Un pomeriggio, dopo una lunga marcia, Ungaretti si lasciò cadere a terra per riposare. Passò di lì un sottotenente, e Ungaretti non lo salutò. Per molto meno si poteva essere fucilati. Nei giorni di Caporetto, cent'anni fa, un generale fece fucilare un fante perché l'aveva salutato senza togliersi la pipa di bocca (dopo la guerra il generale fece una brutta fine, fu gettato da un treno in corsa da mani rimaste misteriose). Ma il sottotenente, che si chiamava Ettore Serra, non solo non fece fucilare Ungaretti, ma ne fu incuriosito:

«E tu chi sei?»

Lui rispose, orgoglioso:

«Io sono un poeta.»

Quello si mise a ridere:

«Un poeta, tu? E che poesie scrivi?»

Ungaretti si fruga in tasca e gli passa un foglietto scritto a matita:

«Mi illumino di immenso.»

Il sottotenente trasecola:

«Hai scritto altre poesie?»

Ungaretti tira fuori altri fogli e affida tutta la sua opera, di cui ovviamente non ha altre copie, a uno sconosciuto; che si fa dare una licenza, torna a casa, e fa pubblicare *Il porto sepolto*. Così, grazie a questa fortunata serie di coincidenze, oggi noi possiamo leggere Giuseppe Ungaretti.

Ho raccontato questa storia anche a Sofia Viscardi, chiedendole se amasse Ungaretti. Mi ha risposto che non l'ha ancora fatto. Sono arrivati a Pirandello.

FRANCESCO

Papà, non penso che ci siamo messi a scrivere questo libro per parlare di Favij e Sofia Viscardi. Stiamo parlando di noi, della nostra generazione. E sono disposto a riconoscere che qualche problema ce l'abbiamo.

La socialità è ridotta, la gente è chiusa in se stessa, si parla di meno perché il tempo che si dedicava a parlare ora lo si passa a chattare. Questo ha contribuito all'avvento degli youtuber.

Ma non devi pensare che siano per noi idoli o guru. Non hanno nessun fine pedagogico. I dieci più seguiti in Italia, e anche i dieci più seguiti al mondo, si occupano di scherzi, videogiochi, moda. Ci affascinano non perché sono diversi da noi, ma perché ci assomigliano. I ragazzi si riconoscono nello youtuber, vedono in lui i loro pregi, le loro opinioni e a volte i loro problemi, e per questo si identificano. Infatti tutte queste star del web sono simili: giovani sempre pronti a ridere e scherzare con rari momenti di riflessione, che portano in scena più o meno gli stessi argomenti; non a caso hanno molti follower in comune.

Quel che affascina nello youtuber è la voglia di mettersi in gioco, il coraggio di dire quello che pensa, di non vergognarsi di ciò che fa e di mostrare a tutti i suoi interessi, senza paura degli haters. I fan lo vedono come una versione migliorata di se stessi, senza timori e angosce, come vorrebbero essere: un idealtipo.

Questa identificazione tuttavia può portare alla dipendenza dagli youtuber; che parlando di argomenti futili ci portano nell'isola che non c'è, il loro mondo, dove siamo felici e liberi dalle nostre incertezze. Ma questo mondo apparentemente benigno in realtà è utopia; e, ricordiamocelo, utopia significa «da nessuna parte». In questo modo rischiamo di perdere contatto con la realtà e con le cose importanti.

Però non devi pensare che sia un mestiere inutile o improduttivo. Avere un pubblico così vasto di ragazzi pronti ad ascoltarti può essere una bella opportunità per insegnargli qualcosa di utile e costruttivo, che non sia soltanto giocare ai videogame o fare il make-up. Ma per riuscirci serve qualcuno veramente capace, che abbia davvero qualcosa da dire. Prima o poi spunterà; o forse c'è già, anche se voi non ve ne siete ancora accorti.

È uscito il libro di un altro youtuber, si intitola *Il web mi ha tolto dalla strada*, l'ha scritto Marco Leonardi, 15 anni, figlio di padre mafioso tuttora in carcere punitivo. Un giorno in parlatorio gli ha detto: «Figlio mio, io non ci sono più. Occupati della casa, non far piangere la mamma e stalle vicino. Pensa a tuo fratello Manuel. Adesso l'uomo di casa sei tu».

Marco manteneva la famiglia raccogliendo ferro per qualche euro al giorno. Ha avuto successo mettendo in rete video di scherzi a familiari e amici, oltre a prese in giro delle ragazze: una cosa che piace agli adolescenti maschi, che delle femmine hanno un po' paura visto che sembrano e talvolta sono più grandi e mature di loro. Adesso Marco ha mezzo milione di follower su Instagram; e il suo libro, con le ingenuità più o meno calcolate di un quindicenne star del web, non è niente male. Anche perché è scritto da un ragazzo che in condizioni normali poteva essere tolto alla famiglia: ho letto della figlia di un boss della 'ndrangheta che si è suicidata per non portare il peso del suo cognome.

È una bella storia, Francesco, e la leggerò.
Vedo però Rossana insolitamente silenziosa. Guarda che il discorso vale in particolare per te. Tuo fratello lo vedo chattare con gli amici soprattutto per giocare al fantacalcio e sfottersi a vicenda, lui e pochi altri juventini in un mare di romanisti. Te ti vedo sempre seguire sul telefonino, e ora pure sull'i-Pad, quei due youtuber inglesi, Dan&Phil, di cui non hai mai voluto raccontarmi niente. Si può sapere chi diavolo sono? E cosa dicono, visto che li ascolti sempre in cuffia?

ROSSANA

Papà, innanzitutto non c'è niente di male a seguire uno youtuber, che non è un maestro di vita; è semplicemente uno che ci diverte. Tu ti lamenti ogni volta che mi trovi davanti a un video, e sembri disprezzare tanto Dan&Phil, perché sono tra tutti gli youtuber i miei preferiti; però non provi neanche a capire quale sia la loro storia. Sembra quasi inverosimile, perché Phil è stato uno dei primi a fare video, molto amatoriali, su YouTube.

All'inizio era solo un modo di comunicare con i propri amici e lui non pensava davvero che qualcuno si sarebbe interessato, invece ha iniziato ad accumulare «subscribers»: iscritti. Dan era uno di quei subscribers, solo un fan che lasciava commenti sperando di essere notato, e il bello è che è successo. Hanno iniziato a scriversi online, sono diventati amici – cosa che grazie alla rete succede spessissimo – e poi si sono finalmente incontrati irl (acronimo che sta per «in real life» ovvero nella vita vera, fuori da Internet e dai social).

Ora Dan&Phil vivono insieme da sei anni, hanno scritto un libro e sono andati in tour a presentarlo; alcuni dicono che siano fidanzati, loro smentiscono (e noi follower ne discutiamo spesso). Sono persone esattamente come noi ragazzi, eppure hanno una bella storia. Ascoltandoli parlare capiamo che ci sono tante persone che pensano e sentono come noi, fanno le stesse esperienze e ridono per le stesse cose. E tramite gli youtuber queste persone si possono incontrare, conoscere per davvero.

Ad esempio io sono in un gruppo su WhatsApp di ragazzi italiani che seguono Dan&Phil, sono praticamente l'unica cosa che abbiamo in comune, ma finiamo per parlare di tutto tranne che di loro. Ogni volta che qualcuno ha un problema, o vuole sapere qualcosa o semplicemente si annoia, scrive su questa chat e troverà sempre qualcun altro disposto ad ascoltare e rispondere.

Non ricordo nemmeno come li ho scoperti, né quale sia stato il primo loro video che ho visto; e non pensare che gli youtuber abbiano chissà quale influenza su di me, ma con il tempo mi sono quasi affezionata ad alcuni di loro. È come andare in un posto che hai frequentato in passato, dove manchi da un po' ma quando torni sai che ti troverai bene.

VIII

I padroni delle anime

La rivoluzione digitale non è la prima della storia dell'umanità. Ma è la prima in cui i padroni sono considerati eroi. In cui i più forti sono anche i buoni.

Gli artefici della rivoluzione industriale erano i cattivi. I padroni delle ferriere. Il «sior paron da le bele braghe bianche» che non sganciava le palanche. Gli imprenditori manchesteriani che sfruttavano i bambini. Le dinastie americane dell'acciaio che ingaggiavano milizie private per sparare sugli operai in sciopero. I Vanderbilt, i Frick, i Rockefeller, che per lavarsi l'anima fondavano opere caritatevoli, assemblavano collezioni d'arte nei loro palazzi su Central Park, o chiamavano il comunista messicano Diego Rivera ad affrescare i poveri nei murales dei loro grattacieli (salvo cancellarli se l'artista si ostinava a ritrarre anche Lenin).

Oggi gli artefici della rivoluzione digitale sono considerati benefattori dell'umanità. Una via di mezzo tra Leonardo da Vinci e Albert Sabin, forse il più grande uomo del Novecento, che rinuncia a brevettare il vaccino contro la poliomielite: «È il mio regalo a tutti i bambini del mondo» (quando mio padre mi raccontò questa storia la voce gli si incrinò per l'emozione, e io ne fui turbato perché non avevo mai visto mio padre commuoversi). Ecco, il grande equivoco è che tutto, Google, i social, la rete, sia un gigantesco regalo. Non è forse tutto gratis? Così, a forza di regali, i padroni della rete sono diventati i padroni delle anime.

Ho conosciuto l'uomo da cui tutto quanto ha avuto inizio, il Prometeo che portò la scintilla della rivoluzione digitale: Bill Gates. Mi ha molto deluso. Siamo stati un'ora insieme e ha parlato solo di soldi. Del resto ne ha molti: 85 miliardi di dollari, più del prodotto interno lordo del Kenya e dell'Etiopia messi assieme. Quello è: un businessman, un uomo d'affari. Certo consapevole di avere un ruolo globale; ad esempio ha creato con la moglie Melissa una Fondazione che si batte per eradicare la malaria dal Kenya e dall'Etiopia. Resta il fatto che Microsoft si è dovuta difendere in tutto il mondo – e talora, ad esempio in Europa, ha perso – dall'accusa di aver conquistato e difeso il monopolio dei software dei computer: un potere immenso.

Com'è ovvio, Bill Gates è un uomo molto intelligente. Nell'intervista mi anticipò cose che poi sarebbero successe. Come l'invenzione del tablet. Che però fu messa a profitto dal suo storico rivale: Steve Jobs.

Oggi la rivoluzione digitale è portata avanti dalla generazione successiva. E i protagonisti sono oggetto di un'agiografia imbarazzante. Spesso scritta dalle loro vittime, da coloro che hanno contribuito ad assassinare: i giornali.

La visita di Mark Zuckerberg in Italia è stata raccontata come fosse quella del Papa. Il Papa, quello vero, l'ha ricevuto come un capo di Stato, anzi il capo dello Stato più grande al mondo: Facebook ha un miliardo e 800 milioni di clienti, più dei cinesi. E pazienza se Francesco ha biasimato, nella sua bellissima enciclica *Laudato si'*, «l'insoddisfazione malinconica» con cui si esce da un pomeriggio passato sui social.

Anche Zuckerberg scrive le sue encicliche. Lettere ai dipendenti che sono state interpretate come il manifesto dell'opposizione a Trump, e della sua candidatura a presidente degli Stati Uniti. In realtà, la sua ambizione è molto più vasta. Zuckerberg non vuole conquistare solo l'America. Si propone di fondare un mondo nuovo, di cui – l'avete detto voi, ricordate?, parlando del suo videogame preferito – sarà l'imperatore naturale.

Dopo le ere «delle tribù, delle città, delle nazioni» nascerà l'epoca della comunità globale. Riunita attorno al totem di Facebook. Che cambia la vita. Fa del globo una grande famiglia. Aiuta a ritrovare i bambini smarriti. Si sta attrezzando per evitare i suicidi e fermare i terroristi.

C'è una foto che rappresenta bene il meraviglioso mondo di Zuckerberg. La platea sorridente e beata ha gli occhi coperti da un visore – ovviamente prodotto da Facebook – per la realtà virtuale. L'unico a non averlo è lui, Mark, che cammina verso il palco. Quando gli adoratori si toglieranno il visore e apriranno gli occhi sulla realtà reale, vedranno Lui.

Trump è stato eletto anche grazie alle notizie false che avevano invaso la rete e i social? Zuckerberg ha provato a negarlo, poi l'ha riconosciuto, promettendo che in futuro i «fakes» saranno eliminati. Nel frattempo Facebook guadagna anche sulla moltiplicazione delle versioni dello stesso fatto, vere o false che siano. E sulle code polemiche, insulti compresi. Ovviamente le notizie false sono quelle più lette.

In fondo, cosa conta? Ogni anno Mark fa un buon proposito per diventare migliore, e noi lo seguiamo trepidanti. Nel 2009 ha promesso di indossare più spesso la cravatta, nel 2010 di imparare il cinese, nel 2011 di diventare vegetariano, nel 2012 di correre 365 miglia, nel 2013 di incontrare ogni giorno almeno una persona che non è su Facebook. Nel 2014 ha mandato ogni giorno a qualcuno un biglietto di ringraziamento scritto a mano, nel 2015 ha letto due libri al mese, nel 2016 ha inventato un programma di intelligenza artificiale per la casa e l'ha chiamato Jarvis, come l'aiutante di Iron Man. Nel 2017 ha visitato tutti gli Stati americani. In futuro donerà in beneficenza il 99 per cento delle azioni di Facebook, circa 50 miliardi di dollari; ma non subito, «nell'arco della vita». Tanto ha solo 32 anni, e può aspettare, lui.

FRANCESCO & ROSSANA

Papà, tu non hai letto il discorso che Mark Zuckerberg ha fatto agli studenti di Harvard il 25 maggio 2017, in cui tiene conto di molte delle obiezioni che fai, e dà delle risposte. Te ne leggiamo un passo.

«I vostri genitori si sono laureati in un'epoca in cui il lavoro, la Chiesa o la comunità davano un senso alla loro vita. Ma oggi la tecnologia e l'automazione cancellano molti lavori. L'adesione alle comunità è in declino. In tanti si sentono sconnessi e depressi. Avvertono un vuoto, e non sanno come colmarlo.»

Dice Zuckerberg che la parola «libertà» non significa nulla, se non hai gli strumenti per fare davvero quello che saresti libero di fare. Quindi dobbiamo ripristinare l'uguaglianza delle chances: tutti uguali sulla linea di partenza, e vinca il migliore. Chi resta indietro dovrebbe avere un reddito minimo universale; anche se in effetti, e su questo siamo d'accordo con te, se tutte le multinazionali pagassero le tasse nei vari Paesi, aiutare i poveri sarebbe più facile.

Poi il fondatore di Facebook dice un'altra cosa interessante: «La battaglia del nostro tempo è tra le forze della libertà, della collaborazione internazionale, dell'apertura di spirito, contro le forze dell'autoritarismo, dell'isolazionismo e del nazionalismo».

In tutto il mondo, a Mosca, a Teheran, a Caracas, giovani poco più grandi di noi si battono contro i leader autoritari. Questi ragazzi vengono manganellati, innaffiati con gli idranti, arrestati, alcuni persino uccisi. Sono accomunati dagli stessi ideali: non protestano per avere più soldi; chiedono libertà di parola, vere elezioni, possibilità di vestirsi come vogliono e di leggere ciò che vogliono.

E quello che li unisce è proprio la rete. È sui social che entrano in contatto tra loro, si parlano, si scambiano informazioni, trovano compagni con cui battersi e ragioni per farlo.

Questo fenomeno succede anche nei Paesi dove la libertà e la democrazia esistono. Il primo ministro indiano Modi ha detto ai ministri di mettere su Facebook tutto quello che stanno facendo. Toccherà poi agli indiani stabilire se è una cosa seria o solo propaganda.

Su Facebook la quindicenne di Napoli violentata a Marechiaro nell'estate 2017 ha riconosciuto i suoi aggressori; e li ha fatti arrestare.

Non dubito che i capi della rivoluzione digitale siano per la società aperta, per la libertà. Ma si contraddicono; perché costruiscono monopoli. Travestiti da chiese.

L'afflato mistico è comune a tutti i padroni delle anime. «Google è una religione che si comporta da impresa» teorizza Paul Saffo, che a Silicon Valley guida un istituto dal nome ambizioso: Institute for the Future.

Google l'hanno inventata due ragazzi che tra loro si chiamano gli Evangelisti, i portatori della buona novella: Larry Page, detto Saint Lawrence, e un suo compagno di studi a Stanford di origine russa, Sergey Brin. I loro dipendenti sono quasi tutti ventenni, al massimo trentenni. La sede somiglia a un campus: distributori gratuiti di succhi di frutta, poltrone con massaggio incorporato, ciotole stracolme di dolci, prato con la sabbia per il beach-volley. Sala-fitness. Gli edifici sono fatti di materiali riciclati. Ci si sposta sui monopattini elettrici. Larry e Sergey hanno due Toyota ibride; avrebbero anche due Boeing 767 da 250 posti, ma sono in garage (il garage è un elemento centrale della mistica di Internet: tutti hanno cominciato in un garage).

Una volta alla settimana i fondatori incontrano i dipendenti, e rispondono a ogni domanda, anche a quelle indiscrete. Unico obbligo aziendale: «Riservate il 20 per cento del tempo di lavoro a fare qualcosa che vi piace». Tutti sono buoni, o almeno buonisti: non si accettano pubblicità di armi e neppure di superalcolici, che fanno così male. Ogni tanto verificano il loro potere facendo uno scherzo, ad esempio pubblicando un annuncio: cercasi personale per la nuova sede di Google sulla Luna. Sono arrivati migliaia di curriculum.

Anche Sergey Brin però è un essere umano, che si fidanza con la segretaria. La moglie l'ha scoperto e l'ha lasciato. La notizia è stata data sul blog. In fondo c'era questo avviso: «AllThingsD has disabled comments for this post». Perché si può commentare tutto, la vita e la morte, l'amore e l'abbandono; ma non si può commentare il post sul divorzio del capo.

Gates, Zuckerberg, Page, Brin sono certo dei geni. Lo è anche Jack Dorsey, l'inventore di Twitter: da bambino ascoltava i messaggi-lampo sulla radio della polizia, da grande ha conquistato milioni di persone e li ha fatti sentire geni dell'aforisma. Tutto questo è fantastico. C'è un solo problema.

Le compagnie high-tech sono tra le principali responsabili delle enormi e crescenti disuguaglianze. La gigantesca ricchezza prodotta da Internet è circoscritta in pochissime mani.

La rete crea nuovi posti di lavoro; ma sono molti di più quelli che distrugge. E sono lavori un tempo ben pagati, «sicuri», stabili; di quelli che richiedevano studio e formazione ma ti consentivano di costruirti una vita, una famiglia, un futuro.

Se l'automazione ha distrutto il lavoro operaio, la rete sta distruggendo il lavoro dei ceti medi.

Le banche licenziano, perché i bonifici li facciamo online. La agenzie di viaggio chiudono, perché i biglietti aerei li compriamo sul web. Gli agenti immobiliari diventano superflui, se la casa si può visitare in rete. Le assicurazioni non assumono, visto che le pratiche si possono sbrigare sul sito.

Ovviamente, la rete non fa tutto da sola; siamo noi a fare il lavoro che un tempo faceva l'impiegato. Che oggi diventa inutile, e domani non esisterà più.

Avete ragione, la rivoluzione non si ferma, il futuro non può piegarsi alle convenienze di noi esseri umani. Però noi ai nostri nuovi padroni baciamo le mani. Li pensiamo ancora come benefattori. E pazienza se non amano pagare le tasse, e vanno alla ricerca dei Paesi – in Europa c'è l'Irlanda – disposti a ospitarli senza chiedere un euro di imposta, per l'indotto che porta la presenza di una multinazionale delle anime.

FRANCESCO & ROSSANA

Hai visto il film *Lion*? Parla di un bambino indiano che si addormenta su un treno e si ritrova a migliaia di chilometri da casa. Non ricorda neanche bene il nome del suo villaggio, l'unica cosa che gli è rimasta in mente è la grande torre dell'acqua vicino alla stazione. Cresce in un Paese diverso, adottato da una famiglia australiana. Una volta adulto però, spinto dal desiderio di ritrovare le sue origini, riesce a rintracciare il suo villaggio su Google Earth, dopo intere notti passate a cercare la torre dell'acqua. Così ritrova la madre.

È una storia vera, per quanto suoni incredibile, ma è anche una metafora del potere positivo della rete, e in questo caso di Google, che non distrugge il nostro passato ma lo rinnova. Non a caso molti ragazzi di piccoli Paesi del Terzo Mondo collaborano con Google gratuitamente, traducendo i testi nella loro lingua; così connettono la loro nazione al mondo globale.

Funziona così pure Wikipedia: ognuno porta il suo pezzetto e lo aggiunge alla conoscenza altrui; alla fine ottieni un grande puzzle, che ci racconta molte più storie di quante ognuno di noi possa sapere da solo. Questa è la vera novità della rete: il sapere è gratuito perché si basa sulla condivisione, ed è bello che le persone vogliano trasmettere quello che sanno ad altri che nemmeno conoscono, arricchire la cultura altrui, senza essere pagati per questo.

È lo stesso anche per il lavoro. Si troveranno di meno i lavori del passato, ma si faranno molti lavori nuovi, più creativi.

Del resto, il campo del lavoro è in costante sviluppo da sempre: quando l'Italia è diventata uno Stato il 70 per cento dei lavoratori erano contadini, quando sei nato tu la maggioranza erano operai, ora la maggioranza sono impiegati. Noi domani forse faremo un lavoro che ora non esiste; o forse non esistono ancora i nomi per definirlo.

Sì, ragazzi, lo so, c'è anche il mito delle start-up. Sono stato a una riunione di start-upper a Milano. Erano giovani svegli, in gamba. Ma tutte le loro microaziende funzionavano con lo stesso principio: un'app che consente di sapere dove c'è una persona che ha bisogno dei tuoi servizi: una baby-sitter, una cena giapponese, un'auto elettrica. Insomma, fanno in modo più rapido una cosa antichissima, un tempo affidata agli esseri umani: mettere in contatto domanda e offerta. Oppure gestiscono sistemi di pagamento via smartphone. Comodissimo; peccato che prima o poi, senza lavoro vero, i soldi per pagare finiscono.

Sapete che ho criticato spesso il servizio di taxi nelle grandi città italiane, in particolare a Roma: l'unica metropoli al mondo dove non si trovano i taxi in stazione. Però i tassisti li capisco: hanno pagato a volte 100 o 200 mila euro la licenza; e ora arriva Uber che consente a chiunque di trasformarsi in tassista, a prezzi più bassi perché lavora per conto di una multinazionale. Oggi è un altro essere umano; domani sarà un robot, o un'auto che si guida da sé.

È l'«uberizzazione» della società: ora ci vanno di mezzo i tassisti; prima o poi, però, tocca a tutti. Ai medici sostituiti dal chirurgo-automa, agli ingegneri, ai giornalisti. L'editore di «Nikkei», il più grande quotidiano economico del mondo, ha annunciato che gli articoli più semplici saranno affidati all'intelligenza artificiale;

«ad esempio quelli sulle trimestrali delle aziende». Vi dico io come andrà a finire: le aziende manderanno le notizie che vorranno far conoscere, e il sistema informatico del giornale copierà e incollerà.

Ma il più grande distruttore di lavoro di tutti i tempi è lui: Jeff Bezos. L'inventore di Amazon. Un'azienda fantastica, e dico sul serio. Ha iniziato con i libri, e ora vende di tutto. Ha anche aperto i primi negozi veri, rigorosamente senza personale, per vendere mobili ed elettrodomestici: prodotti costosi, che di solito il cliente vuole vedere di persona prima di acquistare. I negozi Amazon serviranno da vetrina per divani e lavatrici, che potranno poi essere comprati online e consegnati a domicilio; in più, grazie alla realtà virtuale, si potrà vedere come starebbero in casa propria. E ci saranno supermercati senza casse né cassieri. Anche così Amazon supererà Wal-Mart nelle vendite al dettaglio.

Conoscete Wal-Mart, vero? È la più grande catena di supermercati americani. I proprietari sono i fratelli Walton. Godono di pessima stampa. Sono considerati cattivissimi. Finanziano i politici di estrema destra. Impediscono ai dipendenti di riunirsi in sindacati, financo di sposarsi tra loro. Però di dipendenti ne hanno più di due milioni. Dieci volte più di Amazon.

Eppure Jeff Bezos è considerato un santo. E non dico a caso. Un quotidiano (per fortuna non il mio) l'ha accostato a sant'Agostino: come il Dottore della Chiesa, Bezos «si appoggia alla lunga storia della concezione filosofica e teologica della libertà umana secondo il cristianesimo», e «va al cuore del rapporto tra capitalismo e cultura cristiana».

Per farsi ulteriormente benvolere, ha comprato il «Washington Post», lo storico giornale che fece dimettere il presidente Nixon, e ha scelto come nuovo motto sotto la testata uno slogan pensato contro Trump: «La democrazia muore nell'oscurità».

La sua vita non è stata facile: il padre, Ted Jorgensen, era un artista circense diciottenne, che si esibiva in bicicletta; sparì quasi subito. La madre, Jackie, che aveva 17 anni e andava al liceo, qualche anno dopo sposò un immigrato cubano, Miguel Bezos, che lo adottò e gli diede il suo nome. A dieci anni Jeff apprese la propria storia, e tenne duro; pianse solo quando gli dissero che doveva mettere gli occhiali (ora porta le lenti a contatto). Il suo biografo ha rintracciato il padre: ha 73 anni e gestisce un negozio di biciclette. Non conosceva il nuovo cognome del figlio, non sapeva che fosse diventato miliardario. Ha detto che busserà alla sua porta, ma solo per chiedere perdono, non dollari.

La moglie non è da meno: MacKenzie Bezos si alza ogni mattina prima dell'alba per scrivere romanzi di successo, mentre i quattro figli dormono. Non ha una baby-sitter, guida un minivan, fa fare i compiti ai ragazzi e si fa comprare i vestiti da Jeff. Difende Amazon dall'accusa di aver danneggiato il mercato dei libri: «È meraviglioso per chi scrive e per chi legge. Mai come in questo momento si parla di libri». E in effetti fa piacere quando i lettori discutono su Amazon del proprio saggio, anche se a volte non recensiscono il contenuto, ma la spedizione: se il libro è arrivato integro prendi cinque stelle, se la copertina è danneggiata te ne becchi una sola. (Vedremo ora come recensiranno questo: qualcosa mi dice che i clienti di Amazon saranno severissimi.)

La vera questione è che le piccole librerie non possono reggere la concorrenza del commercio online. Che non ha bisogno di commessi. Non paga affitti. Non dà lavoro a rappresentanti e distributori. Bastano un clic e un braccio meccanico che avvia la spedizione.

Ma se chiude una piccola libreria, sparisce un mondo. Lo so perché da ragazzo frequentavo la libreria di via Maestra, ad Alba, dove ora si vendono vini e tartufi. Soprattutto in provincia, la libreria di famiglia è un punto di incontro. Il cliente entra e chiede: «Cosa leggo?». Oppure è il libraio a suggerirlo, allestendo una vetrina, proponendo un titolo nei posti strategici: lo scaffale all'ingresso, la pila accanto alla cassa.

I centri storici delle nostre splendide città d'arte si stanno consegnando ai turisti, anche perché stiamo perdendo la socialità. Le botteghe, i mercati, i laboratori artigianali, i luoghi dove per secoli i nostri padri si sono incontrati, amati, combattuti, riconciliati, hanno chiuso per trasferirsi negli outlet; ma ora anche gli outlet verranno sostituiti dal commercio online. Ed è una ricchezza che non ritroveremo facilmente, nell'epoca del degrado dei rapporti umani, cui la rete ha contribuito in modo sostanziale: la gentilezza è considerata sinonimo di debolezza, la buona educazione un retaggio del passato che non si usa più.

Certo, resistono ristoranti e osterie. Ma già ora, in America, AmazonFresh Pickup consente di ordinare la cena online e passarla a ritirare senza scendere dalla macchina.

Le prime consegne via drone sono già operative.

Poca cosa, in confronto al progetto finanziato da Bezos: la costruzione di un orologio atomico nelle viscere di una montagna, in Texas, in grado di funzionare per diecimila anni. Senza l'intervento dell'uomo, che forse nel frattempo sarà scomparso dalla circolazione.

ROSSANA

Papà, proprio Amazon dimostra che la rete non si limita a distribuire, sa anche creare, ad esempio fa anche l'editore; e paga agli autori il 70 per cento dei diritti.

I libri non sono mai stati così accessibili. Pensa che una volta a Londra sono stata in libreria con un'amica e ho comprato molti romanzi che in Italia non erano ancora usciti, mentre lei ha semplicemente fotografato le copertine, dicendo che li avrebbe ordinati su Amazon, facendoli direttamente arrivare a casa sua senza appesantire la valigia. Capisco il tuo punto di vista, se tutti facessero così le librerie chiuderebbero. Inoltre ammetto che usare gli scaffali come cataloghi non dà la stessa soddisfazione che comprare un libro e portarlo a casa. Però non puoi negare che sia più comodo.

Amazon produce Kindle, su cui puoi scaricare un libro in sessanta secondi. E l'e-book è fantastico, puoi cambiare la grandezza dei caratteri, se trovi una parola che non capisci puoi avere spiegazioni con un clic. E puoi portarti dietro una libreria intera, consultando qualsiasi volume in qualsiasi momento, senza metterti lì a cercare imprecando, come fai tu quando non trovi un libro, cioè quasi sempre. Su Kindle lo spazio è infinito; a casa no, infatti mamma ha dovuto portare un sacco di libri in cantina.

E poi non capisco perché usi la storia di Jeff Bezos come un esempio negativo, secondo me invece è un modello positivo: la storia di un ragazzo cresciuto senza padre in un ambiente non facile, che grazie al suo talento e alla sua tenacia è riuscito a diventare un leader mondiale.

Anche Steve Jobs è uscito da una vicenda del genere, anche lui è stato abbandonato dal padre e pure dalla madre, infatti è stato adottato. Da piccolo passava il tempo nel garage del papà, un meccanico di Mountain View, in California, a smontare e rimontare vecchie automobili. A 12 anni vide il primo computer e decise che sarebbe stato il suo mestiere. Non si è laureato, ha fatto solo pochi mesi di college. Per aprire la sua società, Apple, ha venduto tutto quello che possedeva, un pullmino Volkswagen. Il primo prodotto fu un videogame, «Breakout». Nello stesso garage del padre inventò il personal computer con il mouse, Apple I: con Steve Wozniak ne assemblarono 50 e li portarono a vendere in un negozio.

A quell'epoca pochi pensavano che ogni persona avrebbe avuto il suo computer. I cervelli elettronici erano enormi e servivano a programmare i viaggi spaziali. Steve Jobs e pochi altri intuirono che i computer sarebbero diventati sempre più piccoli e sempre più potenti; sino a essere chiusi in un telefonino. Già che c'era, ha pure comprato la Pixar e prodotto *Toy Story*.

Il suo discorso, il famoso «stay hungry, stay foolish», che non vuol dire matto ma fantasioso, bizzarro, imprevedibile, resterà come il manifesto della nostra generazione, anche se lui era molto più grande di noi. Ancora oggi ispira migliaia di ragazzi, che stanno pensando nuove cose destinate a cambiare ulteriormente la nostra vita. È un insegnamento che andrà molto oltre la sua morte.

Ascolta quel che disse: «Il vostro tempo è limitato, perciò non sprecatelo vivendo la vita di qualcun altro. Non rimanete intrappolati nei dogmi, che vi porteranno a vivere secondo il pensiero di altri. Non lasciate che il rumore dell'opinione altrui zittisca la vostra voce interiore. E, ancora più importante, abbiate il coraggio di seguire il vostro cuore e la vostra intuizione: loro vi guideranno in qualche modo a scoprire quello che veramente volete diventare. Tutto il resto è secondario».

Queste parole sono il contrario dell'omologazione, sono un invito a coltivare la diversità e l'individualità, e a non mollare mai: «Io penso che se fai qualcosa e risulta abbastanza buona, dovresti andare avanti a fare qualcosa di meraviglioso, non aspettare troppo. Pensa solo alla prossima cosa».

Non fermarsi, non accontentarsi, pensare sempre al futuro, mirare sempre più in alto. È così che la tecnologia in questi pochi anni ha fatto un balzo in avanti come forse mai nella storia.

Tu stai sempre a criticare tutti, però dovresti riconoscere il valore e la genialità di persone così.

IX
La scuola ai tempi del telefonino

Mi piace la cosa che avete detto prima: voi farete mestieri che oggi non esistono, o meglio non esistono i nomi con cui chiamarli.

Il problema è che la scuola e l'università insegnano ad affrontare una realtà superata. Le aziende cercano profili che non ci sono, perché nessuno li ha formati. E chi prova a formarli stravolge regole e sistemi che resistevano da decenni.

Ho letto su «Repubblica» un bel reportage di Giampaolo Visetti dal campus per nativi digitali, vicino a Treviso. Si entra a tre anni per fare l'asilo e si esce a ventisei dopo il master. Una sorta di accademia platonica per i futuri padroni delle anime. Le testimonianze sono inquietanti. Chi ha un minuto di ritardo resta fuori; e può anche essere giusto. Ma la motivazione è questa, spiegata da Marco, 17 anni, che si definisce «studente e imprenditore»: «Il cambiamento corre e travolge invisibilmente tutti. Chi non è pronto quando passa il treno dell'economia digitale non sale più; e paga il prezzo di svegliarsi nel cimitero del passato». E Andrea, 16 anni, allievo di visual graphic e matematica creativa: «La nostra vita si gioca in un istante. Teniamo il passo per una manciata d'anni. Poi, se non ti circondi di teenager, a trenta è già finita». Prima passavano anni per capire se una start-up funzionava o no; ora se non ha avuto successo in tre mesi va chiusa. Come dice Manuela, 17 anni, scrittrice di ministorie pubblicitarie per smartphone: «Impariamo dall'ignoto. Ciò che si sa, non serve già più».

Per un attimo, nel mio cimitero del passato, mi sono sentito in colpa ad aver mandato te Francesco al liceo scientifico, e te Rossana al classico. Mi è venuto un brivido nel leggere quel che dice tale Timothy O'Connell, che nel campus dei geni dirige il programma Accelerator: «Non è l'automazione o la delocalizzazione a bruciare i posti di lavoro in Italia. È la lentezza del cervello male allenato dall'infanzia, è un'istruzione astratta che non indica al sapere la via del fare».

Poi ho pensato che Platone questo O'Connell l'avrebbe cacciato dall'accademia. E sono contento che abbiate studiato cose «astratte» tipo la storia, la filosofia, l'arte, la musica; se non altro perché vi hanno reso migliori. Non solo.

Sono contento che abbiate fatto, dall'asilo alla maturità, soltanto scuole pubbliche, come prima di voi i vostri genitori; perché credo nella scuola pubblica, dove tutti sono sullo stesso piano, e i professori sono giustamente severi.

Sapete che considero gli insegnanti della scuola pubblica tra gli italiani di cui possiamo essere orgogliosi, anche perché hanno tenuto duro in anni molto difficili. So che talora qualcuno ti ha deluso, Francesco. Ma certo il loro compito non è facile. E la rete lo complica ulteriormente.

Perché l'insegnamento ha i suoi ritmi, le sue lentezze. Richiede tempo, approfondimento, riflessione. Esistono cose che non si trasmettono in pochi minuti. Vi si approda poco per volta, attraverso metodi antichi: domande, dialoghi, sillogismi.

Il telefonino è molto più rapido. E per un nativo digitale tenerlo spento sei ore è una specie di tortura. Mi chiedo come riescano gli insegnanti a far rispettare il divieto. Sempre che sia davvero rispettato. Ma tu Francesco a scuola il telefonino lo usavi?

FRANCESCO

Sotto il banco, qualche volta. Meno di altri miei compagni, con cui qualche professore faceva finta di niente.

Ma sei sicuro papà che le scuole del futuro non esistano già? A me questo campus di cui racconti non sembra affatto un campo di prigionia; credo sia la dimostrazione che anche in Italia sono arrivate le scuole rivoluzionarie che sono già nate all'estero.

Ad Amsterdam è stata fondata nel 2013 la Steve Jobs School, dove fin dall'età di quattro anni gli studenti sono forniti di un i-Pad personale con il quale affrontano il proprio piano di studi, che non viene deciso dai genitori o dai professori, ma da loro stessi in base a quello che vorrebbero fare in futuro. E gli insegnanti si chiamano «coach», allenatori, perché il loro compito è formare i ragazzi, «allenarli», metterli in condizione di fare le proprie scelte e di crescere. Questo è soltanto un esempio, esistono numerose scuole che si stanno sviluppando su una linea simile e tante altre nasceranno; la peculiarità che mi ha colpito di più non è l'innovazione del materiale didattico, anche se un i-Pad è molto più comodo di uno zaino pieno di libri, ma l'indipendenza lasciata agli studenti, che studiano soltanto le materie che ritengono utili per il loro avvenire.

Personalmente ho vissuto lo studio liceale come un'imposizione, troppe materie e quasi tutte con un livello d'approfondimento diverso; l'unica decisione che lo studente può prendere è quella sul tipo di scuola superiore, ma finisce per essere una scelta limitata a causa delle nuove riforme, che hanno reso i vari indirizzi molto simili, in particolare classico e scientifico.

Io credo vivamente che l'unico modo utile di studiare sia studiare con passione, perciò sono convinto che la scuola del futuro non debba essere per forza computerizzata o dotata di tecnologie strabilianti; l'importante è che sia in grado di mettere lo studente al centro, e di ridurre il divario tra l'insegnamento e il mondo del lavoro, tra la scuola e le imprese. Altrimenti sarà sempre più difficile trovare un lavoro che corrisponda a quello che si è studiato.

Francesco, è affascinante quel che dici. Del resto, tablet deriva, alla lontana, da *tabula*: duemila anni fa gli studenti andavano a scuola con una tavoletta di cera, che ogni volta andava raschiata e riscritta; ora è diventata digitale, e può accumulare un'infinità di dati senza cancellarne nessuno. (Se è per questo, il «foolish» di Jobs ricorda il *fool* di Shakespeare, che sembra pazzo ma dice la verità.) E il tablet consente di studiare e imparare in modo personalizzato, mettendo lo studente al centro.

Questo apre però una serie di dubbi. A cominciare dal fatto che non tutti gli studenti possono permettersi un tablet. Tutti però hanno un cellulare. Da qui la domanda: si possono usare i cellulari in classe, o no?

Nel 2007 un ministro dell'Istruzione di centrosinistra, Giuseppe Fioroni, firmò una circolare per bandire gli smartphone dalla scuola. Nove anni dopo un sottosegretario all'Istruzione sempre di centrosinistra, Davide Faraone, ha annunciato che lo smartphone doveva tornare tra i banchi: il governo sta lavorando per digitalizzare le scuole, ha spiegato; i telefonini non vanno vietati, ma usati bene. Tra i buoni propositi, un miliardo di euro per portare la fibra e la banda ultralarga fino all'ingresso di ogni edificio, il cablaggio degli spazi interni, un responsabile per il digitale in ogni istituto, corsi di formazione, laboratori. E una connessione wi-fi in almeno otto scuole su dieci. Concludeva il sottosegretario trionfante: «Basta con il luddismo. Stiamo costruendo la scuola del futuro che non potrà non avere anche smartphone e tablet in classe».

Ovviamente queste cifre sono rimaste sulla carta. Faraone nel frattempo ha traslocato al ministero della Salute. In realtà, non è il governo a stabilire se gli alunni possono usare il cellulare. E per fortuna, perché in Italia vige l'autonomia scolastica. Il ministro o il suo vice possono dare indicazioni; poi decidere spetta giustamente ai presidi e agli insegnanti.

Il fondatore dell'associazione dirigenti delle «scuole autonome», Roberto Pellegatta, è convinto che il telefonino in classe non sia una buona idea. Intervistato da Flavia Amabile della «Stampa», ha spiegato che scoppierebbe subito tra gli alunni «la competizione sulla velocità di connessione, sull'estetica, sulle capacità tecniche rispetto al telefonino degli altri. Si creerebbe lo stesso meccanismo che già esiste con l'abbigliamento, incentivando una cultura consumistica che non ci piace alimentare».

Ci sarebbero i tablet. Ma secondo Pellegatta non funzionano neppure quelli. Molte scuole hanno avuto dei tablet in comodato. Ne hanno impostato il programma, stabilendo limiti per evitare che i ragazzi li usassero per chattare o «perdersi in siti di altro genere», come dice pudicamente il professore. Ma, «di-

versamente dalle promesse, la maggior parte dei libri digitali sono solo dei comuni pdf; e non tutti i pdf si possono sottolineare ed evidenziare. Alla fine abbiamo capito che i tablet erano uno strumento di distrazione più che un aiuto alla didattica. Nonostante le limitazioni, i ragazzi li usavano per navigare. Così abbiamo preferito investire sulle lavagne Lim. Sono molto più efficaci e totalmente controllate dai prof».
Anche se non ho capito bene cosa sia la lavagna Lim. Tu Rossana lo sai?

ROSSANA

L sta per lavagna, I per interattiva, M per multimediale. Devo ammettere che neanch'io so bene come funzioni, infatti pur avendola in classe non la usiamo quasi mai, perché il suo cavo è troppo corto e non raggiunge la presa. Di recente però hanno rinnovato il laboratorio di informatica della scuola, la professoressa di fisica l'ha usata per spiegarci la teoria cinetica dei gas - impresa non facile -, è stato molto interessante.

In generale la tecnologia può aiutare la scuola. Tu citi il sottosegretario Faraone, in rete ho letto che lui stesso ha raccontato la storia di sua figlia, Sara, autistica. I bambini autistici non amano il telefono, perché la suoneria disturba il loro udito particolarmente sensibile; così, da quando Sara ha imparato a usare WhatsApp, per suo padre è molto più facile comunicare con lei. È la prova che il cellulare può aiutare i ragazzi con qualche difficoltà a inserirsi, a eliminare le barriere, a dimostrare a loro stessi e ai compagni che possono fare le stesse cose, magari in modi e tempi diversi.

Non conoscevo questa storia, Rossana, e ti ringrazio di avermela raccontata.

Per aggiungere un altro elemento di autocritica, va riconosciuto che i veri maniaci dei cellulari a volte non siete voi; siamo noi. Non c'è nulla di più temibile delle chat di gruppo dei genitori.

Cose del tutto naturali della vita scolastica, nella chat dei genitori diventano tragedie. Un graffio diviene un delitto. I padri si intromettono in modo indebito ed eccessivo. Si comincia con il chiedere i compiti per il figlio distratto e si finisce per inveire contro gli insegnanti. A volte è solo il modo per sfogare il bisogno di socialità (e magari per tentare di rimorchiare le mamme). Altre volte si degenera in insulti e risse digitali, con il rischio di danneggiare il rapporto tra i ragazzi, gli insegnanti, la scuola.

La mia eroina è Nicoletta Latrofa, dirigente scolastica dell'istituto Giovanni Fattori di Rosignano Marittimo (Livorno). Con la circolare numero 141 ha chiesto ai genitori dei suoi 700 allievi di limitare le chat. Non un divieto ovviamente, ma «un invito a una seria riflessione»: «Consideriamo il gruppo semplicemente per quello che è, ovvero un veloce mezzo di diffusione di informazioni smart e non il surrogato del sano, meraviglioso, insostituibile contatto umano». Parole sante. I genitori hanno riflettuto e non si sono ribellati; anzi, molti l'hanno ringraziata.

La verità è che siamo solo all'inizio della rivoluzione, e nessuno di noi sa come andrà a finire. Lo strapotere digitale può renderci migliori. Ma può anche creare una generazione di semianalfabeti, disabituati a scrivere, incapaci di leggere testi complessi. Un po' come nell'impero romano invaso dai barbari, di cui parla Guglielmo da Baskerville a Adso nel *Nome della rosa*, quando dice: «A quel tempo l'Europa era ridotta a un ammasso di rovine. Un giorno dichiararono invalidi i battesimi impartiti da alcuni preti nelle Gallie perché vi si battezzava *in nomine patris et filiae*, e non perché praticassero una nuova eresia e considerassero Gesù una donna, ma perché non sapevano più il latino».

Mi rendo conto che usare bene il telefonino in classe, e quindi limitarne l'uso, è come avere per le mani una Ferrari e dover rispettare il limite dei 30 all'ora. Però credo sia necessario.

Mi sono messo a cercare qualche storia, a raccogliere un po' di testimonianze che i professori e gli alunni hanno reso ai giornali italiani (in particolare a Claudia Voltattorni del «Corriere» e a Cristina Nadotti di «Repubblica»). In un liceo scientifico di Treviso un insegnante che aveva sequestrato il cellulare a uno studente è stato denunciato dai genitori. Lo stesso voleva fare una mamma di Firenze, ma il preside dell'alberghiero Saffi, Valerio Vagnoli, l'ha dissuasa: «Lei signora ha sottoscritto il regolamento dell'istituto. E poi noi sequestriamo l'apparecchio se ne viene fatto un uso improprio, ma restituiamo la sim-card ai ragazzi per rispettarne la privacy».

Ci sono scuole medie dove il telefonino viene ritirato all'ingresso e restituito al suono della campanella, e scuole superiori dove viene usato per le ricerche; anche se la tentazione di fare copia e incolla da Wikipedia è in agguato, mentre noi avevamo solo «Conoscere» e «Capire», enciclopedie cartacee che a vederle adesso fanno tenerezza.

Ci sono professori che educano a un uso consapevole della rete e dei telefonini. Alcuni hanno aperto una cartella condivisa, sempre a disposizione sullo smartphone, in cui gli studenti possono archiviare il loro lavoro, creare un registro delle lezioni, in pratica tenere un diario digitale. A volte i ragazzi chiedono al professore di fare una foto dello schema elaborato alla lavagna, e la mandano ai compagni assenti. Oppure preparano le prove Invalsi esercitandosi su quelle degli anni passati, che sono tutte online. L'importante è che il gioco sia sempre guidato dagli insegnanti, che ne padroneggiano le regole.

Altri hanno fatto una scelta radicalmente diversa. A Goito settanta ragazzi della terza media hanno accettato di spegnere il cellulare per due giorni, sotto il controllo di una psicologa dell'ospedale di Mantova.

Hanno riscoperto il piacere di giocare a pallone, o di fare una partita a carte con il nonno, come non accadeva da quand'erano piccoli. Si sono sentiti liberi da tutto, compreso l'impulso di controllare il telefonino ogni momento.

Ma il vero eroe è il professor Marcello Contento, siciliano di Alcamo, 35 anni, precario da dieci, insegnante di economia aziendale all'istituto tecnico Dagomari di Prato, che ha proposto l'esperimento di una settimana senza Internet. Il progetto aveva un nome spietato: Social Zero. È stato un trionfo, almeno a sentire gli allievi.

Mario: «Ho scoperto che esistono i cruciverba, il sudoku e il telefono pubblico a monete». Antonio: «Ho fatto le parole crociate con mia mamma, abbiamo passato un pomeriggio a chiacchierare, non succede mai». Francesca: «Io ho parlato un'ora con mio padre e mio fratello, non mi capitava da tempo». Adele: «Ho fatto tre ricerche, al professore ho detto: se lo tenga pure il mio telefonino». Silvano: «Ho letto due libri». Marianna: «Mi sono messa a parlare con la mia compagna di banco, prima conversavamo via WhatsApp anche se eravamo vicine» (perché in effetti anche questo succede: si è talmente abituati a comunicare con le faccine, da non riuscire più a parlare con chi ti sta accanto). Amin: «È stata una delle settimane più belle della mia vita, siamo andati alla fattoria, al museo e abbiamo organizzato un aperitivo in centro senza social. Ne facciamo un'altra?». Silvia: «Sono stata a cena un'ora con i miei. Erano felicissimi».

Lo saremmo anche mamma e io. Non si sa perché, ma tu Rossana a tavola con noi stai sempre pochi minuti. Appena ci giriamo, sei già in camera tua col cellulare.

ROSSANA

Papà, non ci credo neanche se lo vedo che una ragazza abbia detto al professore di tenersi pure il suo cellulare, sarà stata una battuta. Anche perché se le sue amiche se lo riprendono lei poi come fa? Andrà anche bene come esperimento per una settimana, magari avranno imparato a dosare l'utilizzo del telefonino, ma nella realtà è ovviamente molto più comodo avercelo. Le tre ricerche di cui parla la ragazza avrebbero senza dubbio richiesto la metà del tempo e probabilmente prodotto molti più risultati se fatte su Internet.

Riguardo all'uso del cellulare in classe, si tratta di un equilibrio molto sottile, che dipende più da noi studenti che dai professori. Smartphone e tablet possono rappresentare un grande vantaggio, sia per la ricerca di informazioni sia per evitare di portare quintali di libri.

Un mio compagno già usa l'i-Pad al posto dei libri per alcune materie, quelle degli insegnanti che gli hanno dato il permesso. Ci è capitato che magari le professoresse di greco e inglese ci chiedessero di cercare su Internet una poesia che non c'era sul libro. Non tutti portano sempre la *Divina Commedia* alle lezioni di italiano, e allora talvolta per seguire la lettura cerchiamo il passo di Dante in rete.

Certo gli insegnanti non potevano controllare che su ogni display ci fosse aperta la poesia e non WhatsApp, questo dipendeva da noi.

Sono d'accordo con Francesco quando dice che bisogna legare di più la scuola al mondo esterno. L'anno scorso abbiamo sperimentato l'alternanza scuola-lavoro: il primo tentativo, in un museo, non ha funzionato molto bene, non ci facevano fare quasi nulla, abbiamo passato il tempo a giocare a briscola. Poi però ho fatto un'esperienza molto interessante con una casa editrice.

Un professore del Tasso da anni redige una bibliografia di libri e articoli sulla poesia greca arcaica pubblicati in tutto il mondo; come progetto di alternanza scuola-lavoro quest'anno noi ragazzi lo abbiamo aiutato a consultare le liste, scegliere i titoli, contattare gli autori e pure leggere gli articoli e farne delle sintesi che verranno inserite nella rivista. Questo progetto è stato molto più appassionante, sebbene fosse davvero impegnativo, perché non era un'attività che qualcuno si era inventato per dare a noi studenti qualcosa da fare, come negli altri casi, ma si trattava di un lavoro che qualcuno eventualmente avrebbe dovuto svolgere e quindi dava molte più soddisfazioni.

C'è da dire che abbiamo passato ore e ore a sfogliare volumi e a fare fotocopie, sarebbe stato certamente più veloce (ed ecologico vista la quantità di carta usata) se l'avessimo potuto fare online. Però il fascino delle antiche biblioteche resta inimitabile.

X
Grande Fratello Internet

So che l'avete visto pure voi quel film, anche se ormai al cinema con me non venite più. Avete presente *Perfetti sconosciuti*? I protagonisti hanno la pessima idea di mettere in comune i cellulari, per una sola notte. Sms e mail dovranno essere letti in pubblico, alle chiamate si dovrà rispondere in vivavoce. Viene fuori che uno riceve ogni sera alle dieci una fotina *osée* da un'amica, un altro è gay anche se non ha mai avuto il coraggio di dirlo, un altro ancora ha messo incinta una collega e ha pure una storia con la moglie del padrone di casa... Ovviamente alla fine si scopre che è stato tutto un brutto sogno, e ognuno torna a vivere la sua vita, con il suo segreto. Ma la frase più bella la dice Marco Giallini, il padrone di casa, quello tradito dalla moglie: «Il cellulare è diventato la scatola nera delle nostre vite». Come la scatola indistruttibile che registra le ultime voci sui jet che stanno per precipitare.

Certo, molti di noi non hanno così tante cose da nascondere. Ma nessuno sfugge al laccio della rete. Noi crediamo di custodire un tesoro inviolabile fatto di messaggi, fotografie, numeri di telefono. Ma la rete sa tutto, controlla tutto, prevede tutto. Stiamo consegnando la nostra vita ad algoritmi che possono essere usati dallo Stato, dalle agenzie di intelligence, dalle aziende private, dagli hacker.

Prendete Google. Dal punto di vista economico, è un'azienda di pubblicità. La gran parte delle sue entrate deriva dalle inserzioni. Se cercate notizie su un computer, un ristorante cinese, un viaggio in Africa, vi appare una serie di link pubblicitari; quando ne cliccate uno, Google incasserà denaro dall'inserzionista. Se cercate una gonna verde o un volo aereo, un algoritmo fa sì che le prime offerte ad apparire siano quelle delle aziende che hanno pagato la pubblicità.

Ma l'obiettivo di Google è molto più ambizioso: organizzare tutta l'informazione del mondo. Mappare l'intero genoma umano. Scannerizzare tutti i libri e metterli online. Spedire a tutti i telefonini – vale a dire a tutti gli abitanti del pianeta che hanno qualche soldo da spendere – musica, parole, immagini. E notizie. Sull'argomento che più vi interessa: voi.

L'ha spiegato bene un mio collega, Danilo Taino. Quando avete fatto la vostra prima ricerca, Google vi ha spedito un cookie quasi immortale (si spegne nel

2038) che si è installato sull'hard disk del vostro computer. Ogni volta che arrivate su una pagina del sito, il sistema legge il numero di identificazione che il cookie vi ha assegnato, e Google registra e memorizza indirizzo, data, ora, termini della ricerca, configurazione del browser. Così la casa madre riceve tutti i dati sulla vostra navigazione. Quante richieste fate al giorno? Dieci? Ogni volta Google accumulerà nei suoi archivi informazioni dettagliate. Conclude Taino: «I San Lorenzo e gli evangelizzatori di Internet non dicono cosa ne faranno. Tutte le ipotesi e i timori sono legittimi, dall'uso commerciale dei vostri gusti al casellario giudiziario. Un Grande Fratello. Una banca dati globale. O una schedatura di massa. Non sorprende che il Dipartimento della Giustizia americano pretenda in tribunale di entrare in possesso dei suoi archivi». Pretesa ovviamente respinta.

Ora, io non penso che Google sia la Spectre. Conosco bene il capo di Google Italia, Fabio Vaccarono: è uno dei migliori manager del nostro Paese, sono certo che non farebbe male a nessuno. Gli ho parlato dell'idea di questo libro, delle mie perplessità sulla rete, sul controllo globale. Mi ha risposto che quella di Google è solo una lettura elettronica delle parole, del tutto impersonale: non c'è alcun intervento umano. Che anzi Google è un custode, un garante, un difensore contro i malintenzionati: mantiene private le informazioni su di te, le usa per il tuo bene, ti aiuta a trovare la parola che ti manca, la notizia che cerchi, la canzone di cui hai nostalgia.

È senz'altro così. Del resto, a Google non importa nulla di dove vogliamo andare in vacanza, o di quale cantante ascolti tu, Rossana. Ma di sicuro l'archivio del mondo attribuisce un enorme potere a chi lo custodisce.

Non è vero, a pensarci bene, che la rete non produca nulla. I clienti sono gli inserzionisti; e il prodotto in vendita siamo noi.

ROSSANA

Papà, capisco bene quello che vuoi dire, anche io che ho ben poco da nascondere vado nel panico ogni volta che qualcuno prende in mano il mio cellulare. È come quando entrate nella mia stanza senza bussare: mi dà fastidio, non perché temo che chissà quale segreto venga svelato, ma perché mi sento esposta, scoperta.

Anche a me sta a cuore che i miei dati privati rimangano tali. Pensa alla cronologia delle ricerche su Google, inorridisco all'idea che qualcuno legga la mia. Anche qui, non è che ci sia qualcosa di cui mi vergogni, ma sarebbe come se entrasse nella mia testa e venisse a conoscenza di tutti i miei pensieri.

Però alla fine tutto questo non mi infastidisce più di tanto, forse perché è un processo che avviene a nostra insaputa, quindi non ce ne rendiamo davvero conto, e poi, come dice il tuo amico Vaccarono, alla fine nessuno va davvero a leggere quei dati, vengono solo elaborati da algoritmi. Ed è davvero così negativo essere automaticamente indirizzati verso qualcosa che potenzialmente potrebbe piacerci?

Del resto è così che funziona tutta la rete. Se guardo su YouTube un tutorial sul make-up mi indirizzerà subito su altri video del genere, se ordino qualcosa su Amazon la prima schermata che compare è «altre cose che potrebbero piacerti» oppure «chi ha ordinato questo libro ha preso anche...». Internet si è evoluto in questo modo: non sei più solo tu a cercare cosa ti interessa, è lui che te la offre.

Questo può dare a qualcuno dipendenza psicologica, ma per la maggior parte delle persone rappresenta una comodità. E poi la pubblicità non è sempre fastidiosa. Se apro una pagina e a lato c'è l'advertisement di un viaggio in Africa, non è che lo compro, però mi mostra una bella foto, mi fa intravedere un'opportunità.

E poi considera che questa trasparenza globale ha anche un aspetto positivo: sarà molto più facile individuare il male. Scoprire i pedofili, gli sfruttatori di donne ridotte in schiavitù, i trafficanti di armi, droga, organi. Nell'era di Internet è più difficile costruire una rete terroristica globale, che ha bisogno di trovare denaro, esplosivo, e soprattutto di comunicare; e quindi verrà scoperta.

Giusto. Ma provate a guardare le cose non solo dal vostro personale punto di vista. Siamo nel mondo globale, no? Tentate di pensare in termini globali. Al di là del vantaggio che ognuno può trarne, resta il fatto che una concentrazione di potere economico come quella di oggi non si era mai vista nella storia.

Google controlla l'88 per cento del mercato dei motori di ricerca. Facebook – che comprende WhatsApp, Instagram e Messenger – ha il 77 per cento dei social network. Amazon vale metà del mercato delle vendite online e il 74 per cento di quello degli e-book.

Di fatto, sono monopoli. Per nulla «di sinistra». Eppure, come ha scritto il mio collega Massimo Gaggi, «un alone politico liberal e un'aura di sacralità tecnologica maschera la realtà di un capitalismo non meno rude di quello di oltre un secolo fa». La mentalità è la stessa degli albori del capitalismo americano: *the winner takes all*; chi vince prende tutto.

Il potere è concentrato in poche società, e in un unico Paese: gli Stati Uniti d'America. Francesco, tu che stai preparando l'esame di microeconomia, senti cosa scrive Federico Rampini: «È un'egemonia fondata su sistemi di regole squilibrate e inique, dal saccheggio dei contenuti alle immagini all news, fino alla privacy individuale. L'amministrazione Obama, sfruttando i buoni rapporti con l'Europa, ha difeso gli interessi della Silicon Valley. Adesso con Trump potrebbe estendersi anche ai Paesi europei la tendenza a ri-nazionalizzare Internet, che è già in atto da tempo nei regimi autoritari, dalla Cina alla Russia, all'Iran».

Nel frattempo le Cinque Sorelle dell'economia digitale hanno accumulato ricchezze e potere immensi. Hanno scalzato i colossi dell'energia e del petrolio dalla testa della classifica di Wall Street: Apple, Alphabet (che sarebbe Google), Amazon, Facebook e Microsoft sono le cinque più grandi società al mondo per valore in Borsa.

Google vale più di Disney, Ford e General Motors messe assieme. Con Apple capitalizza 1487 miliardi di dollari: più di tutte le banche europee e giapponesi. Le azioni di Amazon sono arrivare a costare mille dollari l'una.

Sapete cosa significa questo? Che la speculazione ha gonfiato una bolla, destinata come ogni bolla a scoppiare; tanto sono sempre i piccoli risparmiatori a pagarne il prezzo. Proprio come all'inizio degli anni Duemila, quando esplose la bolla della New Economy con il crollo delle azioni Lucent, Cisco, Oracle, Intel e della stessa Microsoft, che poi si riprese.

Pensare che Internet non nasce dagli investimenti dei privati, ma dai soldi dei contribuenti: fu inventato dal Pentagono, come modo per connettere tra loro i computer, nel caso che un Paese nemico o un gruppo terroristico avessero colpito i centri di comando.

Poi l'idea si sviluppò in California. La terra dove infuriò la rivolta di Berkeley contro la guerra in Vietnam, dove nacque la controcultura degli anni Sessanta. Ma anche lo Stato di Ronald Reagan e dell'iperliberismo. Nascono da qui personaggi come Peter Thiel, il cofondatore di PayPal che ora consiglia Trump alla Casa Bianca, secondo cui «solo il 2 per cento dei cittadini capisce cosa sta accadendo nel mondo». Il loro sogno è un mondo gestito dalla saggezza superiore della Silicon Valley e dai suoi algoritmi. Certo, sono favorevoli ai diritti delle donne, degli omosessuali, dei migranti. Questo li rende più accattivanti, non migliori. E non sfoggiano la ricchezza, bensì la loro mostruosa capacità di lavoro.

Quand'era a Google, Marissa Mayer lavorava tredici ore al giorno. Luca Maestri, direttore finanziario di Apple, ha raccontato che le sue giornate cominciano alle 4 del mattino, perché il capoazienda, Tim Cook, è già in piedi e manda mail alle 4 meno un quarto. Francesco, hai presente chi è Tim Cook, vero? È il personaggio reinventato da Crozza, che distrae il marito mettendogli il visore per la realtà virtuale, e intanto gli scopa la moglie.

FRANCESCO

Se è per questo Crozza dice anche che i Cinque Stelle salveranno l'Italia. Papà, ti ricordo che le più grandi aziende mondiali si trovano in America, quindi mi sembra ovvio che anche le più grandi multinazionali che si occupano di tecnologia siano americane. Inoltre leggendo i dati di «Fortune global 500», il sito che stila la classifica delle migliori 500 aziende per fatturato, oltre a notare l'egemonia indiscussa di Cina e Stati Uniti, mi ha sorpreso questo: le imprese legate alla rete non occupano le prime posizioni, la più alta è Apple al nono posto. Ma alla voce «The world's most admired companies», ovvero le aziende più apprezzate per i servizi offerti, nei primi dieci posti figurano Apple, Amazon, Alphabet, Facebook e Microsoft. Questo dato per me è molto significativo, vuol dire che la gente ha fiducia in quello che la rete sta facendo, che le aspettative sono molto alte; e ciò porterà sviluppo economico, perché l'economia moderna si basa sulla fiducia.

È un meccanismo spiegato bene non in un manuale di microeconomia, ma in un libro che si legge facilmente e infatti è stato tradotto in tutto il mondo. L'ha scritto Yuval Noah Harari, in Italia l'ha pubblicato Bompiani con il titolo *Sapiens. Da animali a dèi. Breve storia dell'umanità*. In effetti siamo stati scimmie, ora siamo giunti quasi a creare la vita, appunto come dèi. Ma il nostro futuro «dipende da coloro che lavorano nei laboratori. Nuove scoperte potrebbero creare industrie totalmente nuove, i cui profitti ripagherebbero i miliardi di soldi finti che le banche e i governi hanno creato a partire dal 2008. Se i laboratori non esaudiranno queste aspettative prima che sia troppo tardi, ci dirigeremo verso tempi durissimi».

Conviene quindi a tutti, anche a te, sperare che la biotecnologia, la nanotecnologia, l'industria di Internet continuino a prosperare, inventare, diffondersi. Un contributo l'ha dato lo stesso professor Harari: il suo corso online e le sue lezioni su YouTube hanno fatto centinaia di migliaia di visualizzazioni in tutto il mondo. E il suo insegnamento fondamentale è che lo sviluppo si basa sulla speranza, sull'aspettativa.

Prima il mercato, poi la rivoluzione digitale hanno creato comunità immaginarie, talmente vaste che in pochi si conoscono, ma in teoria tutti potrebbero conoscersi. Una comunità immaginaria non è un inganno; è, appunto, un'immaginazione. Forse è quello che intendeva dirci Steve Jobs, quando ci ha invitati a restare affamati e fantasiosi: capaci di inventare, di fidarci, di immaginare.

Tutto vero. Ma c'è una cosa fondamentale che voglio dirvi da tempo, fin dall'inizio della nostra discussione. Internet non è gratis, neppure quando avete il free wi-fi. Perché perdete il controllo della vostra identità. E regalate, voi sì gratis, informazioni che hanno un loro valore economico. Magari le nostre da sole valgono poco. Ma moltiplicate per un miliardo e più diventano un tesoro immenso.

Tutti abbiamo qualcosa da perdere. In particolare quelli che lavorano nell'industria culturale. A cominciare dai giornalisti, e dagli editori. Che non soltanto producono contenuti destinati a essere piratati. Oltre al danno, subiscono la beffa.

Nel sentire comune, i giornali sono collocati nella fascia alta, la stessa dove c'è la politica: la fascia della rappresentazione, quindi della messinscena, della menzogna, dell'apparenza. La rete invece è la fascia bassa, dove si dicono le cose come stanno.

Ovviamente, è uno schema falso. Ci sono giornali pagati da finanzieri che li usano per fare favori o esercitare pressioni; però ci sono giornali che si mantengono da sé, e possono ancora essere un buon affare per gli azionisti. Ma il fatto che lo schema sia falso non significa che molti non lo credano vero.

La rete è un moltiplicatore di ossessioni – pensate alla grande paura dei vaccini – e di complotti: l'11 settembre gli americani se lo sono fatti da sé, la Casa Bianca custodisce il segreto degli Ufo, le case farmaceutiche nascondono la cura delle malattie per cui moriamo, nessun uomo è mai sbarcato sulla Luna. E se un eroe popolare come Francesco Totti presta il suo volto e il suo nome alla campagna contro le bufale online, persino i tifosi romanisti si dissociano e gli scrivono imploranti: «Capitano, non ti fare usare dal sistema»; a France', non sporcare con la verità questo splendido fake.

La rete è per natura populista, nel senso peggiore del termine: fare leva sulle debolezze del popolo per fregarlo, facendogli credere che lo stai aiutando.

La rete è consolatoria, perché ti dice che la tua ignoranza non è una vergogna ma un vanto, che studiare è inutile perché impareresti solo cose false o superflue. E alla fine tutto si confonde, le società farmaceutiche che lavorano con serietà valgono come quelle che davvero fanno affari sulla salute altrui, un'inchiesta documentata finisce in mezzo alle notizie inventate, e i politici onesti valgono come quelli che rubano.

«Internet non funziona più» ha ammesso, in un'intervista al «New York Times», Evan Williams, cofondatore con Jack Dorsey di Twitter e di Medium, lo spazio digitale pensato per contenuti di qualità (che infatti va male). «Pensavo che, se avessimo dato a tutti la possibilità di esprimersi liberamente e scambiarsi idee e informazioni, il mondo sarebbe diventato automaticamente migliore. Mi sbagliavo» ha riconosciuto

Williams. «Internet finisce per premiare gli estremi.» Come Trump. «Trump ha detto che senza Twitter non sarebbe presidente? Se così fosse, beh sì, mi spiace.» Meglio tardi che mai.

È la stessa conclusione cui è arrivato in Italia Massimo Arcangeli, l'autore di *Breve storia di Twitter* (Castelvecchi): «Il sistema riproduce i meccanismi di legittimazione del potere che furono alla base del feudalesimo. Oggi, volendo giocare di paradosso, se una trentina di persone in Italia si mettessero d'accordo su chi vince il Festival di Sanremo, su quale libro comprare, su dove andare in vacanza, che film vedere, e persino chi votare, riuscirebbero a smuovere un numero esorbitante di persone».

Ma forse Williams e Arcangeli esagerano. Twitter non è la vera piazza elettronica; è la piazzetta del centro storico, dove vanno i privilegiati a bere chardonnay e mangiare sushi. Certo, ti dà l'impressione di parlare con il Papa, che ha nove milioni di follower. Katy Perry però ne ha dieci volte di più. I bilanci sono in rosso: Dorsey è tornato ad amministrare la sua creatura, e come prima cosa ha licenziato trecento manager; nulla in confronto al vostro Steve Jobs, che licenziava in ascensore. Ma, leggo sui giornali, «il ceo punta sulla app di live-streaming Periscope». Non ho compreso bene cosa voglia dire, anche perché la neolingua di Internet è intraducibile in italiano, proprio come l'inglesorum delle scuole di business. Ma una cosa l'ho capita. Il valore di Borsa dei padroni delle anime prescinde dagli utili. Deriva dal loro fascino, dal loro carisma, dal loro potere.

La vera piazza elettronica è Facebook. Ma più che un'agorà greca mi ricorda certe piazze del Sud, come quella di Avola, divisa in quattro spicchi a seconda di dove tramonta prima il sole: nel primo quadrante a essere ristorato dall'ombra si ritrovano i padroni, nel secondo i professionisti, nel terzo i commercianti, nell'ultimo i braccianti (nel bar dei braccianti il latte di mandorla è migliore però). Facebook ti fa incontrare preferibilmente persone che sono come te e pensano come te. Se detesti Trump, ti metterà in contatto con persone che detestano Trump. Se non ti fidi dei vaccini, ti manderà materiale più o meno scientifico su quanto siano pericolosi i vaccini. Non ti apre un mondo; ti barrica all'interno del tuo.

FRANCESCO & ROSSANA

Papà, c'è una cosa che va chiarita una volta per tutte: la rete non è buona o cattiva, amplifica le voci delle persone, che la rendono ciò che vogliono. Quindi tutti i suoi lati negativi sono i lati negativi dell'umanità.

Dici che mette insieme coloro che pensano allo stesso modo, ma non è necessariamente una cosa brutta. Considera tutte le campagne per la salvaguardia della natura, il rispetto dei diritti umani, l'uguaglianza dei sessi e delle razze. Internet è anche catalizzatore di ideali giusti e positivi.

Il primo attentato islamico a Londra avvenne il 7 luglio 2005. Tre bombe esplosero nella metropolitana, le stazioni furono chiuse, i giornalisti non potevano documentare quel che era accaduto. La Bbc chiese a chi era bloccato là sotto di testimoniare l'attacco con le loro fotografie. Ne arrivarono 23 mila. La prima fu quella di un ragazzo che aveva postato la propria immagine ai genitori per far vedere che non era ferito.

Quando il 22 maggio 2017 i terroristi hanno attaccato Manchester, sui social sono arrivati subito messaggi di persone che aprivano la loro casa a chi non sapeva dove andare, di tassisti che offrivano passaggi gratis; persino la polizia e il governo hanno usato i social per trasmettere informazioni, avvisare del pericolo, riportare la calma.

La stragrande maggioranza dei messaggi che viaggia sulla rete non dà solidarietà ai terroristi ma alle loro vittime. E la rete ha fatto bene anche a cose che esistevano già prima. Ad esempio, i siti dei quotidiani oggi arrivano a molte più persone di quelle che prima leggevano i giornali.

Questo è vero. E fenomeni come quelli di Trump possono giovare ai giornali: il nuovo presidente degli Stati Uniti ha detto che la stampa è sua avversaria, e così gli avversari di Trump si sono riavvicinati alla stampa. Il sito del «New York Times» ha fatto 250 mila nuovi abbonamenti in pochi mesi. E anche il dilagare delle fake news può tornare utile ai cronisti che lavorano seriamente. Così un giornale della Florida, l'«Orlando Sentinel», ha messo nella testata un nuovo slogan rivolto ai lettori: «Separate i fatti veri dalle storie false per meno di un dollaro al giorno».

FRANCESCO & ROSSANA

Appunto. Inoltre la rete rinnova tutte le espressioni dell'uomo, anche l'arte. Tu papà dici sempre che i cinesi sono più di un miliardo e mezzo ma nessuno di noi conosce un solo cinese, a parte quelli morti tipo Mao e Deng. Invece ti sbagli. Qual è il cinese più famoso del mondo? Ai Weiwei. Ed è famoso grazie al web; senza avere nulla a che vedere con le sorelle Kardashian.

Ai Weiwei è l'artista della rete, senza sarebbe solo uno dei tanti dissidenti cinesi senza nome che entrano e, quando va bene, escono di galera. Come suo padre, un poeta contrario al regime comunista e per questo mandato con la famiglia ai confini del deserto del Gobi, dove doveva pulire tutte le latrine del villaggio.

Anche il figlio è un oppositore. Nel 2009 ci fu in Cina, nel Sichuan, un terribile terremoto in cui morirono cinquemila bambini. Sul blog Ai Weiwei ha chiesto a ognuno dei suoi amici di ripetere uno dei loro nomi: tutti insieme formarono una catena del ricordo, che era anche una denuncia per i ritardi nei soccorsi e il modo in cui erano state costruite le scuole e le case.

Poi ha fatto un gesto dissacrante: ha messo in rete una serie di fotografie scattate nei luoghi simbolo del pianeta, dalla Tour Eiffel a piazza Tienanmen, in cui lui appare con il dito medio alzato. Migliaia di persone in tutto il mondo hanno cominciato a fotografarsi allo stesso modo, per dire che erano d'accordo con Ai Weiwei.

Nei giorni del venticinquesimo anniversario del massacro della Tienanmen, si è fotografato mentre imbraccia la propria gamba come fosse un fucile, in una movenza che ricorda la danza cinese, ma anche il gesto dei soldati che spararono sugli studenti. Anche il «leg gun» è diventato virale, con un hashtag chiarissimo: #endgunviolence; basta fucili, basta violenza.

Su YouTube si trovano le foto di Ai Weiwei che distrugge urne funerarie della dinastia Han, per poi incollare i cocci e colorarli (non crediamo che sia così matto da distruggere davvero urne funerarie della dinastia Han, ma che cerchi un modo per ricreare il passato). Ha fatto arte pure della cosa che tu consideri la più sciocca che esista, il selfie.

Ti ricordi, papà, di quando ci hai portato a vedere la mostra di Ai Weiwei a Firenze? Quella con i gommoni dei migranti appesi alla facciata di palazzo Strozzi, dove poi i migranti sono venuti davvero? La mostra finiva con un gigantesco muro dov'erano esposti tutti i selfie di Ai Weiwei. C'era un'infinita gamma di personaggi, un po' come quei ristoranti romani dove all'ingresso ci sono le foto del proprietario con il Papa e con Christian De Sica. Alcuni, ad esempio Bono degli U2, erano orgogliosi di essere fotografati con Ai Weiwei. Altri, come Julian Assange, sorridevano normalmente come se stessero facendo una foto con un amico. Altri ancora erano del tutto disinteressati al fatto di avere al fianco uno dei più grandi artisti del mondo, ed erano concentrati solo su stessi; ad esempio Paris Hilton faceva il solito sorriso con il solito segno delle dita a V.

Ecco cos'è la rete: il luogo che ti mostra come sei, o come vorresti essere. Il volto dignitoso di Ai Weiwei, quello partecipe di Bono, quello divertito di Assange, quello fatuo di Paris Hilton. Poi sta a te scegliere. Non è meraviglioso?

XI

Generazione senza politica

«Whoopi Goldberg è in totale caduta libera. Terribile. Molto triste.»

«Arianna Huffington è un manichino. Un clown liberal.»

«Maureen Dowd è una matta, una pazza nevrotica, una giornalista noiosissima.»

«Angela Merkel sta rovinando la Germania.»

«Megyn Kelly è malata di mente, è proprio disturbata, l'anchorwoman più sopravvalutata del mondo.»

«Alicia Machado è la più brutta miss Universo di tutti i tempi.»

«Meryl Streep è una lacchè di Hillary che ha perso alla grande, l'attrice più sopravvalutata di Hollywood.»

«Huma Abedin, l'aiutante di Hillary, è il massimo rischio per la sicurezza nazionale.»

«Hillary è bugiarda, disonesta, imbrogliona, corrotta. Corrotta, corrotta, corrotta.»

È vero, la rete in sé non è né buona né cattiva; ma non per questo è neutra. Temo anzi che possa peggiorare l'umanità e quindi il mondo.

Senza la rete non esisterebbe Trump; o comunque non sarebbe mai diventato presidente degli Stati Uniti. Sarebbe rimasto un palazzinaro fallito più volte, o un personaggio tv con i capelli dal colore introvabile in natura.

The Donald ha fatto i soldi con il sistema più tradizionale che esista: il mattone, le case, i grattacieli. Ma ha costruito il suo profilo pubblico con un tormentone televisivo e con i tweet. E Trump usa i tweet per comunicare come nessun politico farebbe mai. (Qui sopra ve ne ho proposto una selezione. Notate: le vittime sono tutte donne, di sinistra ma anche di centro e di destra.)

Per questo ha sconfitto tutti i politici: per primi quelli del suo partito, poi Hillary e in fondo anche Obama.

Non è vero che Trump sia il Berlusconi americano. Il nostro Trump è Briatore. Era Flavio Briatore il protagonista della versione italiana di «The Apprentice», lo show che aveva reso celebre Trump per lo slogan con cui cacciava chi non gli piaceva: «You're fired!», sei licenziato, che Briatore traduceva «Sei fuori!», facendo lo stesso gesto col braccio a indicare l'uscita.

Il Berlusconi che abbiamo visto scendere in campo quasi 25 anni fa era molto diverso da quello di adesso, che fa il moderato e dice di stimare la Merkel. È stato il primo vero populista. Si è alleato al Nord con la Lega che voleva dividere l'Italia, e al Sud con il Movimento sociale che rivendicava l'eredità del nazionalismo fascista. Ma non era un outsider. Era già l'uomo più potente d'Italia. Controllava le due cose – la tv privata e il calcio – che allora influenzavano di più l'opinione pubblica. Non era un conduttore televisivo; era il padrone della televisione. Non era uomo dell'establishment, ma con lui l'establishment era pronto a scendere a patti. Come disse l'Avvocato Agnelli: «Se perde Berlusconi, perde lui; se vince, vinciamo tutti».

Trump ora si ritrova a contare molto di più, perché è a capo della più grande superpotenza mondiale. Ma in America contava infinitamente meno di quanto contasse Berlusconi in Italia. Era considerato un personaggio un po' ridicolo, non antipatico perché in fondo innocuo. Un tipo improbabile. I repubblicani ridevano di lui, quando annunciò di voler dare la scalata al partito. E lui ha distrutto tutti i candidati ufficiali: da Jeb Bush, ultimo rampollo della dinastia, a Marco Rubio, la speranza latinoamericana. Trump lo chiamava «Little Marco», per ironizzare sulle sue origine cubane e sulla sua bassa statura. Esasperato, Rubio ha accusato Trump di avercelo piccolo (al contrario di Gabbani e Alberto Angela). The Donald è scoppiato a ridere e ha risposto di non avere quel tipo di problema. Ma non occorreva neppure una risposta; nel momento stesso in cui il beniamino del partito scendeva sul suo stesso terreno, aveva già perso. Perché sul terreno delle sciocchezze, delle battute, dei tweet, nessun politico di professione può battere uno come Trump.

I suoi sostenitori non lo prendono certo alla lettera; ma si sentono rinfrancati dalle sue bugie, con cui i giornali democratici riempiono invano intere pagine: il «New York Times» è arrivato a contarne 71 nei primi cento giorni. La sera poi Trump si stende sul letto, si apre una birra e si scatena. Annuncia un attentato terroristico in Svezia che non c'è mai stato. Si vanta di essere il personaggio più raffigurato sulla copertina di «Time», e se ne fabbrica una finta. Oppure si addormenta con le dita sulla tastiera: «Covfefe» ha twittato il 30 maggio 2017, e subito nei siti e sui social è partita la discussione su cosa volesse dire. Ovviamente, nulla: gli era scappato il pollice.

Senza la rete non ci sarebbe Beppe Grillo. E qui, ragazzi, voglio dirvi una cosa. Noi giornalisti siamo stati troppo teneri con il Movimento Cinque Stelle. Eravamo stati molto, ma molto più duri con la Lega Nord. I Cinque Stelle li abbiamo guardati quasi con reverenza, e più loro ci insultavano più noi li rispettavamo. Non tanto per paura dei loro insulti, che possono anche essere una forma di pubblicità. Per paura di sembrare in distonia con i tempi. Di apparire antimoderni e vecchi. Di fare la figura di quelli che non capiscono come va il mondo. Ora poi che i Cinque Stelle si stanno avvicinando al potere, il loro fascino diventa quasi irresistibile per i tanti che amano correre in soccorso del vincitore.

In realtà, i Cinque Stelle sono un pericolo grave per un Paese come l'Italia. Perché assecondano e moltiplicano vizi congeniti e recenti inclinazioni autodistruttive. Un partito fondato sulla rete poteva prosperare solo nel Paese dell'Occidente dove si leggono meno libri e giornali. Grillo dice quel che molti italiani amano sentire: che la responsabilità dei loro guai non è loro, ma degli altri. Gli altri sono l'Europa, i burocrati, i banchieri, le multinazionali, i media, i politici corrotti: cioè tutti, compresi quelli del suo partito che non obbediscono a lui. Ma che dico? Grillo non ha un partito; ha un movimento, in realtà un incrocio tra una setta e un'azienda privata, la Casaleggio&Associati.

Intendiamoci: c'erano e ci sono mille motivi per votare Cinque Stelle. Non a caso lo fa oltre un quarto dell'elettorato italiano. La classe politica è di una pochezza imbarazzante. Il tasso di corruzione e di incompetenza è altissimo. Il ceto medio si impoverisce. Il rinnovamento promesso da Renzi si è impaludato in un ritorno alla Prima Repubblica, sancito dal sistema proporzionale per cui il potere non appartiene ai cittadini ma ai capi partito, che nominano gli eletti in Parlamento al posto degli elettori. Ma è un sistema che a Grillo in fondo sta bene. Perché anche lui non vuole attorno a sé donne e uomini liberi e forti, ma seguaci.

La rete, come dimostrano i casi Trump e Grillo, è il perfetto veicolo del populismo, perché del popolo vellica le debolezze e conforta i pregiudizi. Per Trump il riscaldamento del pianeta non esiste, e quindi fumino pure le acciaierie, bruci il carbone, si trivelli la prateria. Per Grillo i vaccini sono pericolosi, come le scie chimiche. Manca il lavoro? Ci sarà il reddito di cittadinanza. Ma vi rendete conto, figli miei, di cosa significherebbe dare mille euro a tutti in cambio di nulla, nel Paese che già adesso ha il record mondiale dei giovani che non studiano, non si formano, non lavorano?

Io la ribellione contro il mondo la capisco; perché nemmeno a me questo mondo piace. Le disuguaglianze sono una vergogna, e non solo perché sono vertiginose, ma perché prescindono dal merito: un manager riceve milioni di buonuscita anche se ha lavorato male, solo perché è un manager. Sono cresciuto in un mondo in cui la ricchezza si produceva con il lavoro. Lavoro a volte durissimo: reparti verniciatura, ciminiere in città, raffinerie in riva al mare. Opifici, appunto: posti in cui si creava ricchezza che bene o male veniva redistribuita. Oggi i soldi si fanno con altri soldi, e il lavoro sembra diventato un problema: se un'azienda licenzia, le sue quotazioni in Borsa saliranno, i suoi azionisti si arricchiranno.

Un'altra grande ingiustizia è la separazione tra ricchezza e cultura. Molti ricchi non hanno cultura e la disprezzano. Molte persone colte sono povere, non tanto di soldi – quelli vanno e vengono – quanto di opportunità; perché l'Italia investe troppo poco in ricerca, formazione, scuola, università.

Ma nel grillismo non vedo cultura. Non vedo soluzioni. Vedo un uso spregiudicato della rete. Vedo la logica consolatoria dell'«uno vale uno», per cui la conoscenza non conta nulla se contraddice quello che sappiamo noi, o crediamo di sapere.

Per questo non mi dispiace Emmanuel Macron, il nuovo presidente francese. Uomo fortunato, forse costruito. Però capace di andare contro lo spirito del tempo; e non solo perché nella notte della sua elezione ha fatto suonare l'*Inno alla gioia* prima della *Marsigliese*.

In campagna elettorale ho sentito Macron raccontare un aneddoto sul suo maestro, il filosofo Paul Ricoeur. Nel Sessantotto, quando Macron non era ancora nato, Ricoeur era il rettore di Nanterre, l'università dove scoppiò la rivolta del Maggio. Un giorno un ribelle rovesciò in testa al filosofo il cestino dell'immondizia. Ricoeur gli chiese: «Perché mi fai questo?». Lui rispose: «Perché non ti riconosco nessuna autorità su di me». E Ricoeur: «La mia autorità su di te mi viene dal fatto che ho letto più libri».

Ecco, Macron ha avuto un coraggio incredibile a dire questo in campagna elettorale. Anche perché subito dopo ha aggiunto: è assurdo pensare che chiunque possa scrivere su Internet qualsiasi cosa, anche su argomenti di cui non sa nulla, e pretenda di essere preso sul serio. Perché ci sono quelli che sanno, e quelli che non sanno. Poi Macron ha aggiunto una frase feroce, che io non condivido: «Ci sono quelli che hanno talento, e quelli che non hanno talento».

Non è così. Ognuno ha la sua forma di talento; scoprirla e valorizzarla è il compito della famiglia, della scuola, della società. Della politica. Ma quasi mai il talento consiste nello scrivere su Internet con competenza di riscaldamento del pianeta o di vaccini.

Mi chiedo però se voi, e dopo di voi i nativi digitali, riuscirete a trovare il modo di scoprire e realizzare il vostro personale talento. Perché siete una generazione senza politica.

Vi capisco: i giovani del Sessantotto pensavano che la politica avrebbe cambiato la loro vita, e sono andati incontro a una sconfitta terribile, che per qualcuno ha significato la morte per terrorismo o per droga. Pensavano che si potesse essere felici soltanto tutti insieme; la disillusione è stata feroce. La mia generazione ha pensato invece che la politica fosse tutta sporca, e si potesse essere felici soltanto ognuno per proprio conto; ma anche questa si è rivelata un'illusione. Perché abbiamo tutti bisogno degli altri. Di complici, alleati. Amici. Ma in carne e ossa; non gli amici di Facebook.

FRANCESCO & ROSSANA

Beh, papà, a noi la parola «amici» piace, anche se non siamo su Facebook; di sicuro è meglio di «follower», che riguarda Twitter, molto più frequentato da voi che da noi.

Guarda che Trump e Grillo, due personaggi molto diversi tra loro, non nascono dalla rete. Nascono dalla crisi economica e dalla crisi della politica.

Non è mica stata la rete a creare i Cinque Stelle, il web è stato lo strumento attraverso il quale si sono potuti esprimere, ma il movimento sarebbe nato anche senza; forse non avrebbe avuto così tanti voti, ma ci sarebbe stato lo stesso. Quello che vogliamo dire è che la rete non crea movimenti politici dal nulla, ma è un intensificatore della comunicazione, che in politica è la chiave di tutto.

Prova a metterti al posto di un ragazzo che non trova lavoro, che manda il suo curriculum e nessuno gli risponde, che si è laureato e si sente offrire occupazioni precarie e malpagate, che riesce a trovare al più qualche stage gratis. Un ragazzo che legge quanto guadagnano i deputati, quanto prendono di liquidazione i manager delle aziende pubbliche. Vuoi che voti per il governo? Pensi che si riconosca in uno dei vecchi partiti? Credi che si identifichi in un politico tradizionale?

Non è vero che siamo una generazione senza politica. Tanti nostri coetanei fanno politica, ma non sono attratti da un partito, sono interessati agli argomenti che determineranno la nostra vita: la mancanza di lavoro, l'ambiente, l'intelligenza artificiale. E di questi argomenti si discute in rete più che in tv o sui giornali: ecco perché molti giovani dicono di non riconoscersi in un partito tradizionale, e ne nascono di nuovi.

Tanti di noi non votano e non voteranno mai per il Movimento Cinque Stelle. Però il Movimento Cinque Stelle affascina molti perché appare più moderno, grazie anche al modo in cui sa usare la rete.

Non è che utilizzare il web renda infallibili, infatti i punti che i grillini lanciano in rete spesso sono un po' superficiali. Tuttavia hanno chiarito che ormai nessuno può fare politica senza la rete, che è un'arma a doppio taglio. Se sbagli, può ritorcersi contro di te.

In America Trump è stato abile a soffiare sul fuoco della rabbia popolare, a rispondere alla domanda di cambiamento. Tra l'altro Trump la pensa come te su un sacco di cose e di persone, ad esempio Jeff Bezos: ha twittato che «se Amazon pagasse le tasse che deve, le sue azioni crollerebbero e finirebbe stracciata come una borsa di carta».

Tieni presente però che la maggior parte dei giovani americani ha votato Hillary, sia pure senza entusiasmo (a migliaia, senza neanche mettersi d'accordo, hanno votato come presidente Harambe, il gorilla dello zoo di Cincinnati abbattuto mentre trascinava un bambino nella sua gabbia, e diventato un idolo del web).

Otto anni prima di Trump, lo stesso desiderio di cambiamento aveva premiato una persona molto differente.

Abbiamo conservato la mail che ci mandasti la notte in cui fu eletto Barack Obama. All'epoca non capimmo molto, eravamo piccoli. Riletta adesso, ci sembra un po' retorica, però si capisce bene che la tua emozione è sincera, che ti ha segnato profondamente vivere tra i neri di Washington la notte in cui per la prima volta uno di loro era diventato presidente.

Ebbene, Barack Obama è stato il primo leader a imporsi grazie alla rete. Ha creato un movimento e l'ha tenuto insieme mandando milioni di mail che cominciavano sempre con il nome del destinatario, dando a ognuno dei suoi sostenitori l'impressione di rivolgersi proprio a lui. Ha usato il web molto meglio della sua avversaria alle primarie democratiche, Hillary Clinton; e non ci voleva molto a capire che, nell'epoca del web, non era lei la candidata giusta.

Francesco, Rossana, sono davvero contento che abbiate tenuto quella mail. L'ho scritta perché volevo che il vostro primo ricordo pubblico, di una cosa accaduta non solo a voi ma a tutti, fosse una cosa bella: l'elezione di Barack Obama.

Il mio primo ricordo pubblico è una cosa orribile: l'attacco dei terroristi palestinesi alle Olimpiadi di Monaco 1972.

Ma l'emozione più grande, per dirvela tutta, non è stata passare la notte sotto la Casa Bianca, mischiato alla folla non solo nera ma anche – non è retorica, è la verità – asiatica, latina, anglosassone che esultava per l'uscita di Bush e l'arrivo del figlio di uno studente kenyota. E non è stato neppure il pomeriggio trascorso con Kathleen Kennedy, felice che si compisse la profezia di suo padre Bob, che prima di essere assassinato aveva detto: un giorno l'America avrà un presidente nero. L'emozione più grande è stata due giorni prima.

Era una domenica, e andai a messa nella chiesa dove Obama si era sposato e aveva fatto battezzare le figlie, Sasha e Malia. C'erano migliaia di neri e, oltre a me, due soli bianchi: un reporter messicano che aveva avuto la stessa idea, e la mia amica Natalia Nebel, nata in America da padre tedesco e da madre marchigiana, di Pieve Torina. I fedeli fecero la fila per venirci ad abbracciare: erano anni che non vedevano un bianco nella loro chiesa. Natalia piangeva con le lacrime:

aveva passato tutta la vita a Chicago, aveva sempre votato democratico, credeva nell'integrazione; ma non era mai stata in quel quartiere.

La campagna elettorale americana del 2016 è stata altrettanto storica. A causa del web. Che è stato decisivo. Non tanto perché ha diffuso bufale incredibili che però sono state credute, tipo papa Francesco che appoggia Trump. E neppure perché ha reso pubbliche, forse grazie a hacker al servizio di Putin, le mail private di Hillary. La rete è stata determinante nel mostrare la Clinton come un vecchio arnese, una donna del passato, un membro della casta, una «serva del sistema». Perché, come vi ho detto, avere una storia, un curriculum, un'esperienza, al tempo della rete non è più una virtù, ma un limite. Con il paradosso che un miliardario newyorkese è diventato il campione antiestablishment. E a Grillo, non vi sfuggirà, Trump e Putin piacciono.

Non dico che Grillo venga solo per nuocere. Non credo che i Cinque Stelle possano governare l'Italia; ma nelle città, o magari in regioni come la Sicilia, possono liberare le energie di una comunità, in balìa da decenni di una politica oscenamente clientelare. Ma tante cose non mi convincono.

Non mi convince che chi dissente venga coperto di insulti e offese come in una democrazia non si era mai visto.

Non mi convince neppure la retorica della partecipazione online, della «piattaforma Rousseau», eccetera.

Internet non si innesta sugli anni Sessanta, quelli della partecipazione, della protesta, della politica di strada e di piazza. Si innesta sulla cultura degli anni Ottanta e Novanta, che in Italia non sono mai finiti, forse neppure con la grande crisi che stiamo vivendo. La cultura dell'individualismo. Persino ballare, dalla febbre del sabato sera in poi, è una cosa che si fa da soli. E tra l'individualismo e il narcisismo il passo è breve.

Le consultazioni digitali di Grillo sono un'idea interessante. Ma hanno piccoli numeri; e se danno un verdetto che a Grillo non garba, vengono annullate o ribaltate («fidatevi di me»). La rete diventa così un gigantesco alibi per vidimare decisioni prese dalla Casaleggio&Associati. E ricordatevi cosa diceva il fondatore, Gianroberto Casaleggio, uomo certo geniale: «Il 90 per cento del materiale presente in rete è creato dal 10 per cento degli utenti. Quel 10 per cento sono gli influencer».

FRANCESCO & ROSSANA

Papà, sulla politica lasciamo parlare te. E secondo noi di questa storia delle bufale, dei fake, della «post-verità», si è parlato anche troppo. L'idea che i giovani non seguano la politica e votino facendosi guidare solo dalla rete e dalle falsità è un'idea che si sono costruiti gli adulti. In particolare voi giornalisti, a cui la rete ha tolto il monopolio dell'informazione; e vi brucia.

La rete non è la fine della democrazia, è la salvezza, perché dà voce a persone che non ce l'hanno, e che non si iscriverebbero mai a un partito.

La rete non è la fabbrica della menzogna, può far conoscere la verità.

Tu ci hai parlato molto del G8 di Genova, della vostra difficoltà a essere creduti, quando avete raccontato il massacro degli studenti alla scuola Diaz. Oggi quegli studenti avrebbero tutti uno smartphone, con cui filmare le violenze, che forse non sarebbero mai state commesse. Perché, grazie ai telefonini e alla rete, censurare o cancellare le tracce oggi è molto più difficile.

Su questo avete ragione. Una frase del genere l'ha scritta un giornalista di «Repubblica» che stimo molto, Concetto Vecchio, nel suo libro su Giorgiana Masi. È una ragazza che aveva più o meno la vostra età, quando fu assassinata sul ponte Garibaldi, a Roma, da una mano rimasta sconosciuta. Era il 12 maggio 1977. Oggi su quel ponte pieno di giovani manifestanti verrebbero girati decine di video. E sapremmo chi ha ucciso Giorgiana Masi.

XII
Il mondo che verrà

«La Storia non è a ciclo costante: ci sono degli anni che contano quanto secoli. E a noi è toccato di viverne parecchi di questa densità.»

Indro Montanelli lo diceva della seconda guerra mondiale. Ma il tempo che ci è dato in sorte, ragazzi, non è meno denso. È un tempo di cambiamenti epocali.

A volte penso come sarà il mondo fra trent'anni, quando voi avrete l'età che ho io adesso, e io se tutto va bene sarò un vecchio per cui ogni giorno sarà una conquista.

Ci sono fenomeni sotto gli occhi di tutti: la distruzione del lavoro, il riscaldamento del pianeta, l'esplosione demografica. Quando sono nato, sulla Terra eravamo tre miliardi. Quando siete nati, eravamo diventati sei miliardi. Quando avrete l'età che ho adesso, saremo dieci miliardi.

In questi anni i cinesi si sono moltiplicati per tre, gli indiani per cinque, gli africani per dieci. L'Italia che ho conosciuto era un grande Paese in un mondo piccolo; l'Italia in cui crescete sta diventando un Paese piccolo – per quanto prezioso – in un mondo immenso.

C'è però un cambiamento ancora più straordinario, di cui non parliamo mai, forse perché non abbiamo gli strumenti per comprenderlo e padroneggiarlo appieno. È il nostro rapporto con la vita, intesa come soffio vitale e come intelligenza. Che sta per essere rivoluzionato.

A metà degli anni Trenta, prima di morire suicida con la morfina per non cadere nelle mani dei nazisti, il filosofo ebreo Walter Benjamin scrisse un libro molto importante: *L'opera d'arte nell'epoca della sua riproducibilità tecnica*. Intuiva che l'arte si stava separando dall'idea della bellezza e dell'unicità; stava diventando un concetto o un'installazione, e quindi poteva essere riprodotta.

Oggi stiamo entrando nell'epoca della riproducibilità tecnica della vita. L'uomo crea l'uomo, o ha l'illusione di farlo.

Quand'ero ragazzo, c'erano già i bimbi in provetta; ma avevano pur sempre un padre e una madre. La clonazione e le biotecnologie consentiranno in futuro di riprodurre all'infinito lo stesso uomo (più facilmente un miliardario). E la robotica creerà esseri viventi sempre più simili a una persona.

A questi uomini riprodotti tecnicamente mancherà però una cosa fondamentale: un passato. Una memoria. Un'esperienza. Ecco che la rete sarà il software dell'umanità futura. L'intelligenza collettiva del web, con la sua serie infinita di dati e di immagini, sarà il cervello dell'uomo nuovo, che sia il frutto della clonazione o della robotica.

Perfetto per un dittatore: un autocrate della politica o un signore delle anime padrone del web. Inquietante per noi.

Cosa resterà della nostra individualità? Cosa rimarrà della sfera insindacabile della soggettività, della nostra libertà di scegliere, di pensare diversamente, di amare persone diverse in modo diverso, o anche solo di farci una nostra opinione sulle cose?

Ricordate quando siamo andati a vedere *La teoria del tutto*, quel film bellissimo sulla storia di Stephen Hawking? Lo scienziato al quale neppure la malattia ha impedito di costruire la propria idea della vita e dell'universo? Hawking ci ha messo in guardia da un rischio molto serio: attenzione a dare tutto il potere ai robot e ai computer, che dei robot sono il cervello. Perché dobbiamo augurarci che i robot e il computer condividano sempre i nostri stessi obiettivi, partecipino al nostro sistema di valori, non sfuggano al nostro controllo. E non finiscano come Hal 9000, il computer di *2001: Odissea nello spazio*: uno di quei film che io ho trovato meravigliosi e che voi trovate noiosi. Hal 9000 si ribella all'uomo che vorrebbe sopprimerlo; e prepara in silenzio la propria vendetta.

Voi pensate che io stia guardando troppo lontano. Credo invece che non sia un futuro remoto, ma prossimo.

Avevamo creduto che una delle conquiste del nostro tempo fosse l'importanza di ogni singola vita umana. Con la fine delle guerre mondiali e delle dittature genocide, avevamo pensato che l'uomo nella sua irriducibile unicità fosse il centro del mondo. Ma la rivoluzione digitale implica che il lavoro umano non serva più a nulla. Non ce lo ringhia con la faccia feroce; ce lo sussurra con un sorriso. Ce lo presenta come se fosse una conquista: l'affrancamento dalla fatica, l'inizio di un'era in cui pochi creano e tanti si riposano godendo il frutto della creatività altrui; tanto per i lavori di cura, faticosi e ingrati, ci sarà sempre un migrante o un robot disponibile.

Volete davvero vivere in un mondo così? Allora fermatevi, fermiamoci, finché siamo in tempo.

Sapete cosa sono i cyborg? Esseri viventi composti da parti organiche e da parti inorganiche. Uomini con pezzi meccanici. Si stanno sperimentando ad esempio mani e gambe artificiali, controllabili a distanza. Domani anche il cervello potrà essere sostituito da un computer. Ma già oggi siamo bionici, grazie a una protesi che custodisce la nostra memoria e i nostri segreti, da cui ormai non ci possiamo più separare: il telefonino.

Non voglio portare i nostri lettori troppo oltre. Siamo partiti dalla necessità di mettere via il cellulare, almeno ogni tanto, per riscoprire il piacere della conversazione, del gioco, dello scherzo, del contatto fisico, e anche dell'insegnamento. Ma guardate che è tutto collegato. Si comincia con il gettare i bambini nell'oceano della rete, dal trampolino del cellulare, prima ancora che sappiano leggere e scrivere; e si finisce con il costruire un'umanità nuova, cui di umano non resterebbe molto più di nulla.

FRANCESCO & ROSSANA

Papà, Hal 9000 è stato un incubo della nostra infanzia. Ce ne parlavi sempre, ci spiegavi che scalando di una lettera Hal diventava Ibm, all'epoca la più importante azienda informatica. Ma Ibm faceva supercervelli elettronici per la Nasa o comunque per le grandi aziende. L'intuizione geniale è stata fare computer per le famiglie, per le persone, e ridurli alla dimensione di un oggetto tascabile, lo smartphone appunto. Non è la stessa cosa. Vuol dire che non ci sarà un super-io di massa per l'intera umanità, ma che ogni persona, ogni computer, se vuoi ogni robot sarà un universo a se stante, per quanto collegato con gli altri.

Noi non sappiamo come sarà il mondo del futuro, ma non lo immaginiamo peggiore del presente. Sarà un mondo nel quale le donne conteranno di più, ci sarà più attenzione per l'ambiente, crescerà la prima generazione interconnessa: i cinesi di una certa età non parlano inglese e non usano la rete, ma i giovani sì, e questo ce li avvicina moltissimo.

Certo ci sarà sempre il rischio di nuovi muri, ma la rete servirà ad abbatterli, non a costruirli.

Tu hai scritto un libro sulla rivoluzione delle donne. Così come non avrebbe senso rinunciare alla lavatrice, che ha permesso alle donne di emanciparsi dal lavoro di lavandaie, allo stesso modo non ha senso privarci della tecnologia. Semmai sarà importante rendere umana la rete. Non trasformare un robot in un uomo, ma umanizzare le relazioni che passano sul web, piegarle al bene comune, fermare chi le usa per fare violenza sui minori e sui deboli. Usare la rete per diventare più liberi e non meno, più consapevoli di noi stessi e non meno.

Mi piace questa idea. Ma ho il timore che la storia stia andando da tutta un'altra parte.

Sapete cosa sono i big data, vero? Io no. O, meglio, comincio a capirlo soltanto ora. È un'espressione che non vuol dire «grandi dati». Indica la capacità di estrapolare, analizzare e mettere in relazione un'enorme mole di notizie, per scoprire i legami tra fenomeni diversi e prevedere quelli futuri. L'indice di misura ha un nome che in italiano suona un po' buffo: «petabyte».

Tenete conto che il 90 per cento dei dati disponibili sono stati creati negli ultimi due anni. Perché in rete tutto lascia traccia. I messaggi, i video, gli acquisti con carta di credito, i selfie, le ricerche sui Gps. E le telefonate. La confusione è tale che a volte pure il Grande Fratello si confonde. La National Security Agency americana, incaricata di tenere d'occhio le zone strategiche del pianeta a cominciare dal Medio Oriente, ha sorvegliato per un anno milioni di chiamate nella città di Washington, perché il sistema ha scambiato il prefisso della capitale – 202 – con quello internazionale dell'Egitto (20).

Gli Stati, compresi alcuni regimi totalitari, stanno imparando che è più efficace controllare il flusso di informazioni piuttosto che fermarlo. Come ha scritto Ian Bremmer, politologo americano specializzato in rischi globali, «tutti i governi stanno accumulando dati per proteggersi da ogni genere di minaccia, vera o presunta. I contenuti generati a livello mondiale da email, ricerche online, acquisti, tweet possono essere associati in tempo reale e immagazzinati in un unico sistema centrale. Chi ha accesso a quei dati ha in mano qualcosa di incredibilmente prezioso». Conclude Bremmer: «Dicono che su Internet nessuno sa che sei un cane. Ora i governi sanno che razza di cane sei, a che ora fai la tua passeggiata, qual è la tua marca preferita di bocconcini. Creare un mondo in cui cane mangia cane sarà più facile».

Tutto questo si applicherà anche alle nostre miserabili vite. La rete ci fornirà un maggiordomo digitale che conosce le nostre abitudini, e quindi le anticiperà. Google Now ci farà da assistente vocale, e ci fornirà tutte le risposte ancora prima di ricevere le domande. LinkedIn Connected raccoglierà tutte le informazioni che ci servono sulla persona che stiamo per incontrare; quindi fate attenzione a quel che scrivete sui social, perché è già finito nei vostri curriculum.

Zuckerberg annuncia un sistema capace di scrivere mille parole al minuto e in prospettiva di leggere il pensiero: detteremo testi soltanto immaginandoli. Non so come farà, visto che i traduttori automatici non funzionano quasi mai; però, se lo dice Zuckerberg, accadrà.

Sarà un mondo in cui, come nella fiction «Black Mirror», la condizione sociale dipenderà dal numero di like che abbiamo in rete. Già adesso, se la foto o la canzone o la poesia appena postata non raccoglie i like attesi, ci si resta male. E voi sapete che i like non premiano i migliori, ma i più bravi nelle pubbliche relazioni. Non selezionano il bello e il buono, ma l'accattivante e il furbo; non i più preparati, ma i più spregiudicati. La rete non valorizza le eccellenze; pialla tutto al livello della mediocrità. Banalizza. A volte sbaglia strada, come il fiume che non raggiunge mai il mare ma sfocia nel deserto.

L'idea che la tecnologia avrebbe risolto tutto è ormai fallita. Siamo entrati in un vortice in cui ciò che il giorno prima era all'avanguardia è da buttare; e un floppy-disc è infinitamente più vecchio della stele di Rosetta.

Pensate a quanti binari morti della storia abbiamo già conosciuto. Ad esempio il BlackBerry, che a me piaceva così tanto, perché serviva per scrivere; ma ormai la tastiera non si usa più, si comunica per emoticon, con le faccine. Lo stesso i-Pad non ha avuto la diffusione che si pensava, è stato soppiantato dagli smartphone; forse farà la fine del fax, che pareva una rivoluzione e oggi è un oggetto di modernariato. Dieci anni fa sembrava che tutto sarebbe passato dai blog; che esistono ancora e forse torneranno di moda, ma sono stati ridimensionati da Facebook. Che fine hanno fatto gli Mp3, ora che la musica si ascolta in streaming su YouTube o Spotify? E gli avatar di Second Life, che riproducevano le nostre fattezze migliorandole, senza rughe né pancia? E gli occhiali di Google?

Ormai siamo oltre la realtà virtuale. La chiamano realtà aumentata. Attraverso la connessione al web, i Google Glass proiettano sulla retina una visione della realtà arricchita in tempo reale di informazioni sul meteo, sul monumento più vicino che potete visitare, o più facilmente sul negozio in cui fare shopping. L'immagine che appare attraverso gli occhiali è quella che vedremmo osservando un televisore a 19 pollici. Forse è troppo complicato, per il momento; infatti gli occhiali di Google in giro non si vedono. Ma temo che la strada ormai sia tracciata. E ci porterà anche in luoghi che sarebbe meglio evitare.

L'ex moglie di Sergey Brin, Anne Wojcicki, è la cofondatrice di 23andMe: 23 come i cromosomi. È la società che vende online, a 99 dollari, il kit per analizzare il Dna. Si possono così prevenire le malattie: ottimo. Ma con qualche dollaro in più, un padre può anche sapere se suo figlio è davvero suo. E questa è una cosa da non fare mai. Perché nella storia milioni di padri hanno cresciuto con infinito amore figli che non erano biologicamente loro, ma lo sono diventati perché loro gli hanno fatto da padre. La verità, se l'avessero conosciuta, avrebbe rovinato tutto.

FRANCESCO & ROSSANA

Papà, non ti allarmare: non ci serve il test del Dna, noi siamo sicuri che tu purtroppo o per fortuna sei davvero nostro padre, basta sentire come Francesco pronuncia la erre o vedere Rossana quando si strofina le mani per scaricare la tensione.

Questa storia dei big data sembra presa da uno dei romanzi distopici, con cui ogni tanto uno scrittore di successo terrorizza i lettori, raccontandogli che vivranno in un mondo di zombie telecomandati. La realtà è molto più varia, e imprevedibile. Ad esempio, in Ruanda un'applicazione open source, RapidTFR, ha permesso a bambini separati dai genitori di ritrovarli in poche ore nei campi profughi, grazie allo scambio di notizie e immagini.

I big data avranno almeno una conseguenza positiva: nessuno sarà invisibile. Non lo saranno i criminali: diventerà più facile assicurarli alla giustizia. Non lo saranno le vittime innocenti, di cui oggi in pochi si curano.

Le macchine possono anche sconfiggere l'uomo, ma non potranno mai rubargli la sua umanità, compresa l'arte di imparare dalle sconfitte. AlphaGo, il software inventato per giocare a Go, un gioco molto più complicato degli scacchi, ha battuto tre volte il campione sudcoreano Lee Sedol; ma poi il campione ha capito come funzionava l'algoritmo, e l'ha battuto a sua volta per abbandono alla centottantesima mossa. Come diceva uno degli uomini che ammiri di più, Nelson Mandela: «Io non perdo mai; o vinco, o imparo».

È una sfida infinita, quella tra il computer e l'uomo. Già vent'anni fa Ibm creò un programma che sconfisse il campione mondiale di scacchi, il russo Garry Kasparov. Poi però Kasparov accusò Ibm di aver barato, di non aver fornito i tabulati delle mosse, di aver fatto vincere il computer grazie agli aiuti umani. Fatto sta che Kasparov poi nella vita ha fatto altro, e ora è uno dei leader della sparuta ma combattiva opposizione a Putin.

Voi parlate di romanzi distopici. I più famosi, ad esempio *1984* di Orwell, preconizzano un mondo controllato da un'autocrazia politica. Succede anche in *Fahrenheit 451* di Bradbury e in *V per Vendetta,* il film che ha fatto indossare a una generazione la maschera di Anonymous. Ma il più inquietante è *Il mondo nuovo.* Aldous Huxley lo scrisse nel 1932, forse l'anno peggiore della Grande Depressione. Immagina un universo senza violenza e senza polizia, in cui ogni giorno ciascuno prende una dose di droga, il soma, che gli garantisce la felicità. Al culmine della grande crisi iniziata nel 2008, la nostra droga quotidiana forse è proprio la rete; e ci viene somministrata attraverso il cellulare.

Ma non voglio deprimervi. Fate bene a essere ottimisti sul vostro futuro, vi aiuterà ad affrontarlo meglio. Invidio la vostra fiducia, e cercherò di assecondarla. L'importante è evitare che l'alternativa allo smartphone sia il vuoto, il nulla, l'inedia. Che, posato il cellulare, i ragazzi si ritrovino nudi e disarmati, senza niente da fare o da pensare.

La sfida è trovare un equilibrio. Ridurre il telefonino al nostro servizio, anziché ridurre noi stessi al servizio del telefonino. Reimparare a sentire il tempo, e ad assaporarlo. Ad allenare la memoria, a gestire la noia, a esercitare la fantasia.

Si potrebbe provare ad esempio a mettere una cuffietta sola, per ascoltare la musica, e tenere un orecchio sempre libero per ascoltare i rumori della città, della vita.

Quand'ero bambino, i libri disegnavano la città del futuro percorsa da dischi volanti e marciapiedi mobili. Prima o poi ci arriveremo: leggo di auto che si guidano da sole – ci sta lavorando Elon Musk di Tesla –, viaggi su Marte – li organizza sempre Elon Musk con la sua altra società SpaceX –, frigoriferi che fanno la spesa, sveglie che suonano prima se per strada c'è più traffico del solito, fornelli che cucinano da sé tipo Topolino apprendista stregone.

Lo chiamano l'Internet delle cose: decine di miliardi di elettrodomestici, televisori, automobili collegati alla rete, per la gioia degli hacker che già si stanno allenando a carpire immagini private – basta attivare da lontano la videocamera dello smartphone –, a scoprire quando la nostra casa è vuota, a disattivare le serrature elettroniche. Nel frattempo, i portamedicine parleranno ai malati ricordando la terapia, un'app ci avviserà se abbiano dimenticato i bimbi in macchina (giuro che a voi non è mai successo, anche perché avreste strillato troppo), le scarpe da ginnastica segnaleranno al podista non solo quanti chilometri ha fatto ma anche di quante calorie, acqua e sali minerali ha bisogno; e le chat forniranno agli avvocati divorzisti le prove per impostare cause milionarie.

Posso dirvi la verità? Non credo che tutto questo sia dirimente. Credo che la Terra e i suoi abitanti restino infinitamente più interessanti di Marte, dove non c'è nulla, se non ghiaccio e forse vermi. Credo che quasi nessuno rinuncerà davvero al piacere di andare a fare la spesa al supermarket o al mercato rionale. Non credo che vivremo tutti fino a centovent'anni e più: non c'è posto, e siamo programmati per morire a una certa età, per nostra fortuna; semmai è importante trovare la cura per le malattie che falciano le vite dei cinquantenni, che sono ormai i miei coetanei.

Il cambiamento più importante del tempo a venire riguarderà ancora la rete e la sua porta d'ingresso, il cellulare.

Leggo sui dati Dscout che ogni giorno lo maneggiamo in media 2617 volte, per un totale di quattro ore.

Restare senza batteria o senza campo o senza credito è un incubo collettivo, che si manifesta talora sul volto di uomini e donne dallo sguardo disperato, convinti che in quei pochi minuti di black-out si sia giocata la loro vita: l'amata o l'amato, il direttore o la presidente, la buona sorte a lungo attesa li avranno senz'altro cercati in quei brevi momenti, e non si faranno vivi mai più.

Nove italiani su dieci si svegliano almeno una notte alla settimana e accendono il cellulare nel timore che sia arrivata qualche cattiva notizia, o nella speranza di essere informati del colpo di fortuna che cambia l'esistenza. È stato calcolato che, andando avanti così, voi ragazzi passerete su Instagram otto mesi della vostra vita, su Snapchat un anno e due mesi, su Facebook un anno e sette mesi, su YouTube quasi due anni. Auguri.

Il telefonino diventerà un alter ego, che ci riconoscerà dalla voce, dalle impronte digitali, dall'iride. Un custode, che sa tutto di noi. Sarà il nostro ritratto di Dorian Gray: mentre noi invecchieremo, lui sarà eternamente giovane. Anzi, ringiovanirà, visto che i modelli si susseguono di continuo, e non c'è nulla di più vecchio del cellulare dell'anno prima. Proveremo tutti la frustrazione del giornalista sportivo, che incanutisce intervistando il regista della Juve o il centravanti del Barcellona, che è sempre un ragazzone con fidanzate sempre più belle e conti in banca sempre più faraonici. Leggo che uno schermo grande come quello di un tablet potrà essere arrotolato e ridotto alle dimensioni di una penna, per essere poi srotolato al bisogno. In futuro il cellulare sarà condensato in un auricolare, o in un chip sottopelle, «protesi invisibile del nostro corpo».

Allora l'amore non sarà più l'amore, ma un'app che troverà la donna della vita o quella per una notte. E il cielo stellato sopra di noi non sarà quello di Kant o del pastore errante dell'Asia di Leopardi; saranno satelliti che ci diranno a quale applicazione possiamo chiedere i sushi-rolls e dove possiamo trovare un dog-sitter.

E comunque, capisco che ormai la degenerazione è inarrestabile. Chi si oppone al fato, insegnano i greci, non fa mai una bella fine. E quindi mi avete convinto: per Natale quest'anno compriamo l'i-Phone 7.

FRANCESCO & ROSSANA
Guarda papà che siamo arrivati all'i-Phone 8. E comunque anche tu ci hai convinti, ci basta quello che abbiamo.

Conclusione

Cari ragazzi, queste ultime righe le leggerete soltanto stampate. Non richiedono una vostra risposta. E poi, se ve le avessi fatte leggere prima, mi avreste chiesto di non pubblicarle.

Voglio ringraziarvi per aver accettato di scrivere questo libro con me. Per voi è stato più difficile, perché non siete abituati. Lasciatevi dire che siete stati bravi. Questo almeno è il mio giudizio; io però sono di parte, perché sono vostro padre; ma spero sia anche il giudizio dei lettori.

Un po' mi sento in colpa per avervi coinvolti in questo progetto, perché prenderete anche voi la consueta dose di contumelie e di ingiurie che accanto a qualche elogio accompagna l'uscita di ogni mio libro. In questi anni nel mio piccolissimo ho tentato, senza risparmiare le giuste critiche, di restituire agli italiani un po' di fiducia in loro stessi e nel loro Paese. Ho pagato un prezzo molto alto per questo, in termini di sarcasmo e di dileggio; perché l'Italia è un Paese ormai affezionato all'autocommiserazione. Credo comunque che ne sia valsa la pena. Come vedrete anche voi, il rapporto con i lettori ripaga degli attacchi ingiusti e gratuiti.

Stavolta la parte del pessimista l'ho fatta io. Voi avete fatto bene a tenermi testa; talvolta, lo riconosco, siete stati più convincenti di me, perché la rete la conoscete meglio, e nel mondo nuovo i trent'anni che ci separano non sono per voi un limite, ma un vantaggio.

Del resto, il sogno di ogni genitore è avere figli migliori di lui. Come dimostrano anche queste pagine, l'obiettivo è ampiamente alla nostra portata.

In fondo abbiamo scritto una conversazione sulla famiglia della nostra epoca. Abbiamo parlato della nostra, ma credo che tante altre famiglie si siano riconosciute o possano riconoscersi in quello che abbiamo scritto. Il grido da cui siamo partiti, «metti via quel cellulare», è condiviso da tanti genitori, e da tanti nonni. Spero che abbiamo dato loro qualche ragione per comprendere perché i figli e i nipoti al cellulare tengono così tanto, e anche qualche ragione ai figli e ai nipoti perché passino un tempo migliore con il padre e la madre e i nonni.

Immagino che fare il nonno sia meraviglioso. Vi assicuro che invece il mestiere di genitori non è facile; ma è il mestiere più importante che vi potrà toccare nella vita. Perché nella vostra esistenza, che vi auguro lunga e felice, voi potrete fare qualsiasi cosa; ma la più straordinaria e gloriosa saranno senz'altro i figli.

Spero davvero che le vostre previsioni si realizzino, e che i miei futuri nipoti troveranno – anche grazie alla rete – un mondo più umano e più giusto di quello che la nostra generazione ha consegnato a voi.

Nell'attesa vi ringrazio di esservi dedicati a questa opera comune. È stato anche un modo per passare un po' di tempo insieme. So che non sostituirà il tempo che il mio lavoro ci ha sottratto. Questo vale soprattutto per te, Rossana, che sei nata e cresciuta negli anni in cui ero davvero in giro di continuo, per il giornale e per i libri, e forse ti è mancato un po' l'imprinting paterno; anche se poi la genetica è spietata, e in alcune cose mi assomigli molto. Tu Francesco invece sei arrivato in un periodo diverso della mia vita, in cui ho potuto insegnarti a parlare e a camminare, svegliandomi tutte le mattine accanto al bambino dolcissimo che sei stato.

Comunque vada, sappiate che la regola universale vale ovviamente anche per me: aver fatto il padre, ed essere vostro padre, è stata e sarà la cosa più importante della vita.

Grazie ai lettori per averci accompagnato fin qui, e per essersi forse riconosciuti in alcuni dei nostri sentimenti. Nessuno tra coloro che ci ha seguiti in questa conversazione ormai è un estraneo.

MISTO
Carta da fonti gestite
in maniera responsabile
FSC® C115118
FSC
www.fsc.org

Mondadori Libri S.p.A.

Questo volume è stato stampato
presso ELCOGRAF S.p.A.
Stabilimento - Cles (TN)

Stampato in Italia - Printed in Italy